Kulinarne rytuały

Przepisy na antyzapalne smaki

Zdrowe przepisy, które przemieniają twoje ciało i duszę

Anna Kowalska

Spis treści

Składniki na taco z klopsikami: 16

Wskazówki: 17

Zoodles z pesto z awokado i łososiem Porcje: 4 19

Składniki: 19

Wskazówki: 19

Słodkie Ziemniaki Z Kurkumą, Jabłkiem I Cebulą Z Kurczakiem 21

Składniki: 21

Smażony ziołowy stek z łososia Porcje: 4 23

Składniki: 23

Wskazówki: 23

Letnie warzywa z tofu i przyprawami włoskimi Porcje: 4 25

Składniki: 25

Wskazówki: 25

Sałatka z truskawkami i kozim serem Składniki: 27

Wskazówki: 27

Gulasz z kalafiora z kurkumą i dorszem Porcje: 4 29

Składniki: 29

Wskazówki: 30

Orzechy włoskie i szparagi Delight Porcje: 4 31

Składniki: 31

Wskazówki: 31

Alfredo Makaron Cukiniowy Składniki: 32

Wskazówki: 32

Składniki na Kurczaka z Indyka Quinoa: 34

Wskazówki: 35

Makaron z czosnkiem i dynią Porcje: 4 37

Składniki: 37

Wskazówki: 38

Pstrąg na parze z czerwoną fasolą i salsą chilli Porcje: 1 39

Składniki: 39

Wskazówki: 40

Zupa ze słodkich ziemniaków i indyka Porcje: 4 41

Składniki: 41

Wskazówki: 42

Łosoś pieczony w miso Porcje: 2 43

Składniki: 43

Wskazówki: 43

Po prostu smażone płatki filetowe Porcje: 6 45

Składniki: 45

Wskazówki: 45

Wieprzowina Carnitas Porcje: 10 46

Składniki: 46

Wskazówki: 47

Biała Zupa Rybna Z Warzywami 48

Porcje: 6 do 8 48

Składniki: 48

Wskazówki: 48

Cytrynowe Małże Porcje: 4 50

Składniki: 50

Wskazówki: 50

Porcje łososia w limonce i chili: 2 51

Składniki: 51

Wskazówki: 51

Serowy makaron z tuńczykiem Porcje: 3-4 52

Składniki: 52

Wskazówki: 52

Paski rybne w panierce kokosowej Porcje: 4 54

Składniki: 54

Wskazówki: 55

Porcje meksykańskiej ryby: 2 56

Składniki: 56

Wskazówki: 56

Pstrąg Z Salsą Ogórkową Porcje: 4 58

Składniki: 58

Cytrynowe Zoodles Z Krewetkami Porcje: 4 60

Składniki: 60

Wskazówki: 60

Chrupiące krewetki Porcje: 4 62

Składniki: 62

Wskazówki: 62

Porcje pieczonego okonia morskiego: 2 63

Składniki: 63

Wskazówki: 63

Ciasteczka z łososiem Porcje: 4 64

Składniki: 64

Wskazówki: 64

Porcje Pikantnego Dorsza: 4 65

Składniki: 65

Wskazówki: 65

Pasta z wędzonego pstrąga Porcje: 2 66

Składniki: 66

Wskazówki: 66

Porcje z tuńczykiem i szalotkami: 4 68

Składniki: 68

Wskazówki: 68

Krewetki z papryką cytrynową Porcje: 2 69

Składniki: 69

Wskazówki: 69

Stek z tuńczyka na ciepło Porcje: 6 70

Składniki: 70

Wskazówki: 70

Porcje łososia Cajun: 2 72

Składniki: 72

Wskazówki: 72

Quinoa Miska Łososia Z Warzywami 73

Porcje: 4 73

Składniki: 73

Porcje panierowanej ryby: 4 75

Składniki: 75

Wskazówki: 75

Proste kotleciki z łososia Porcje: 4 76

Składniki: 76

Wskazówki: 77

Popcorn Krewetki Porcje: 4 78

Składniki: 78

Wskazówki: 79

Pikantna pieczona ryba Porcje: 5 80

Składniki: 80

Wskazówki: 80

Tuńczyk z papryką Porcje: 4 81

Składniki: 81

Wskazówki: 81

Paszteciki rybne Porcje: 2 82

Składniki: 82

Wskazówki: 82

Smażone Przegrzebki Z Miodem Porcje: 4 83

Składniki: 83

Wskazówki: 83

Filety z dorsza z grzybami shiitake Porcje: 4 85

Składniki: 85

Wskazówki: 85

Pieczone białe okonie morskie Porcje: 2 87

Składniki: 87

Wskazówki: 87

Morszczuk z pieczonych pomidorów Porcje: 4-5 88

Składniki: 88

Wskazówki: 88

Smażony plamiak z burakami Porcje: 4 90

Składniki: 90

Serdeczne Tuńczyk Melt Porcje: 4 92

Składniki: 92

Wskazówki: 92

Łosoś Cytrynowy Z Limonką Kaffir Porcje: 8 94

Składniki: 94

Wskazówki: 94

Delikatny Łosoś W Sosie Musztardowym Porcje: 2 96

Składniki: 96

Wskazówki: 96

Porcje Sałatki Krabowej: 4 98

Składniki: 98

Wskazówki: 98

Pieczony Łosoś Z Sosem Miso Porcje: 4 99

Składniki: 99

Wskazówki: 99

Pieczony Dorsz Z Miodem Porcje: 2 101

Składniki: 101

Wskazówki: 101

Parmezan Mix Dorsz Porcje: 4 103

Składniki: 103

Wskazówki: 103

Chrupiące krewetki czosnkowe Porcje: 4 104

Składniki: 104

Wskazówki: 104

Kremowa mieszanka okonia morskiego Porcje: 4 105

Składniki: 105

Wskazówki: 105

Ogórek Ahi Poke Porcje: 4 106

Składniki: 106

Minty Dorsz Mix Porcje: 4 108

Składniki: 108

Wskazówki: 108

Tilapia cytrynowo-kremowa Porcje: 4 110

Składniki: 110

Wskazówki: 110

Rybne tacos Porcje: 4 112

Składniki: 112

Wskazówki: 113

Mieszanka imbirowego okonia morskiego Porcje: 4 114

Składniki: 114

Wskazówki: 114

Porcje krewetek kokosowych: 4 115

Składniki: 115

Wieprzowina Z Gałką Muszkatołową Porcje: 4 117

Składniki: 117

Wskazówki: 117

Suflet Cheddar I Szczypiorek Porcje: 8 119

Składniki: 119

Wskazówki: 120

Naleśniki Gryczane Z Waniliowym Mlekiem Migdałowym Porcje: 1 121

Składniki: 121

Wskazówki: 121

Kieliszki do jajek ze szpinakiem i fetą Porcje: 3 123

Składniki: 123

Wskazówki: 123

Śniadanie Frittata Porcje: 2 125

Składniki: 125

Wskazówki: 125

Miska burrito z kurczakiem i komosą ryżową Porcje: 6 126

Składniki: 126

Wskazówki: 127

Tosty Avo Z Jajkiem Porcje: 3 128

Składniki: 128

Wskazówki: 128

Owsianka Migdałowa Porcje: 2 129

Składniki: 129

Wskazówki: 129

Naleśniki Choco-nana Porcje: 2 130

Składniki: 130

Wskazówki: 130

Batony owsiane ze słodkich ziemniaków Porcje: 6 132

Składniki: 132

Wskazówki: 133

Łatwe w przygotowaniu placki ziemniaczane Porcje: 3 135

Składniki: 135

Wskazówki: 135

Frittata ze szparagami i grzybami Porcje: 1 137

Składniki: 137

Wskazówki: 137

Zapiekanka z tostami francuskimi w powolnej kuchence Porcje: 9 139

Składniki: 139

Wskazówki: 140

Indyk z kiełbasą z tymianku i szałwii Porcje: 4 141

Składniki: 141

Wskazówki: 141

Koktajl Wiśniowo-Szpinakowy Porcje: 1 143

Składniki: 143

Wskazówki: 143

Ziemniaki śniadaniowe Porcje: 2 144

Składniki: 144

Wskazówki: 144

Błyskawiczne płatki owsiane z bananami Porcje: 1 145

Składniki: 145

Wskazówki: 145

Koktajl migdałowo-bananowy Porcje: 1 146

Składniki: 146

Wskazówki: 146

Batony energetyczne z czekoladą i chia bez pieczenia Porcje: 14 147

Składniki: 147

Wskazówki: 147

Owocowa miska śniadaniowa z siemienia lnianego Porcje: 1 149

Składniki: 149

Wskazówki: 150

Śniadaniowa owsianka w powolnej kuchence Porcje: 8 151

Składniki: 151

Wskazówki: 151

Pieczywo Pumpernikiel Porcje: 12 153

Składniki: 153

Wskazówki: 154

Kokosowo-malinowy budyń chia Porcje: 4 156

Składniki: 156

Wskazówki: 156

Sałatka na weekendowe śniadanie Porcje: 4 156

Składniki: 157

Wskazówki: 157

Przepyszny Cheesy Wegetariański Ryż Z Brokułami I Kalafiorem 159

Składniki: 159

Wskazówki: 160

Tosty Śródziemnomorskie Porcje: 2 161

Składniki: 161

Wskazówki: 161

Sałatka śniadaniowa ze słodkich ziemniaków Porcje: 2 163

Składniki: 163

Wskazówki: 163

Faux Breakfast Hash Brown Filiżanki Porcje: 8 164

Składniki: 164

Wskazówki: 164

Omlet ze szpinakiem i grzybami Porcje: 2 165

Składniki: 165

Wskazówki: 165

Sałata Wraps Z Kurczakiem I Warzywami Porcje: 2 167

Składniki: 167

Wskazówki: 168

Kremowo-cynamonowo-bananowa miska Porcje: 1 169

Składniki: 169

Dobre ziarna z żurawiną i cynamonem Porcje: 2 170

Składniki: 170

Wskazówki: 170

Omlet śniadaniowy Porcje: 2 172

Składniki: 172

Wskazówki: 172

Pełnoziarnisty Chleb Kanapkowy Porcje: 12 173

Składniki: 173

Wskazówki: 173

Rozdrobnione Gyros z Kurczaka 176

Składniki: 176

Wskazówki: 177

Zupa ze słodkich ziemniaków Porcje: 6 178

Składniki: 178

Wskazówki: 178

Składniki na miseczki z quinoa burrito: 180

Wskazówki: 181

Broccolini Z Migdałami Porcje: 6 182

Składniki: 182

Wskazówki: 182

Składniki na danie z quinoa: 184

Wskazówki: 184

Porcje sałatki jajecznej czystego jedzenia: 2 186

Składniki: 186

Wskazówki: 186

Chili z białej fasoli Porcje: 4 187

Składniki: 187

Wskazówki: 188

Cytrynowe Porcje Tuńczyka: 4 189

Składniki: 189

Wskazówki: 189

Tilapia Ze Szparagami I Dynią Żołędziową Porcje: 4 191

Składniki: 191

Wskazówki: 191

Upiec Kurczaka Doładowanie Z Oliwkami, Pomidorami I Bazylią 193

Składniki: 193

Wskazówki: 193

Ratatuj Porcje: 8 195

Składniki: 195

Wskazówki: 195

Zupa z klopsikami z kurczaka Porcje: 4 197

Składniki: 197

Wskazówki: 198

Kapuściana Pomarańczowa Sałatka Z Cytrusowym Vinaigrette 199

Składniki: 199

Wskazówki: 200

Tempeh i zapiekanka z warzyw korzeniowych Porcje: 4 201

Składniki: 201

Wskazówki: 201

Porcje zielonej zupy: 2 203

Składniki: 203

Wskazówki: 204

Składniki na pizzę Pepperoni: 205

Wskazówki: 206

Gazpacho z buraków Porcje: 4 207

Składniki: 207

Wskazówki: 207

Rigatoni z pieczonej dyni piżmowej Składniki: 209

Wskazówki: 209

Zupa Capellini Z Tofu I Krewetkami Porcje: 8 211

Składniki: 211

Wskazówki: 212

Schab Z Pieczarkami I Ogórkami Porcje: 4 213

Składniki: 213

Wskazówki: 213

Pałeczki z kurczaka Porcje: 4 215

Składniki: 215

Wskazówki: 215

Balsamiczny Pieczony Kurczak Porcje: 4 217

Składniki: 217

Wskazówki: 217

Stek i Pieczarki Porcje: 4 219

Składniki: 219

Wskazówki: 219

Wskazówki dotyczące wołowiny Porcje: 4 220

Składniki: 220

Wskazówki: 220

Składniki na taco z klopsikami:

Klopsy:

1 funt chudej mielonej wołowiny (pod dowolnym mięsem mielonym, takim jak wieprzowina, indyk lub kurczak)

1 jajko

1/4 szklanki drobno posiekanego jarmużu lub chrupiących ziół, takich jak pietruszka lub kolendra (według uznania)

1 łyżeczka Sól

1/2 łyżeczki czarnego pieprzu

Miski Taco

2 szklanki sosu Enchilada (używamy robionego na zamówienie) 16 klopsików (ustalenia zapisane wcześniej)

2 szklanki ugotowanego ryżu, białego lub ciemnego

1 Awokado, pokrojone

1 szklanka lokalnie kupionej Salsy lub Pico de Gallo 1 szklanka rozdrobnionego sera

1 papryczka jalapeno, delikatnie pokrojona (wedle uznania)

1 łyżka kolendry, posiekana

1 Limonka, pokrojona w kliny

Chipsy Tortilla, do serwowania

Wskazówki:

1. Aby zrobić/zamrozić

2. W dużej misce połącz mięso mielone, jajka, jarmuż (jeśli używasz), sól i pieprz. Mieszaj rękami, aż do uzyskania równomiernej konsystencji.

Uformuj 16 klopsików o średnicy około 1 cala i umieść na blaszce przymocowanej folią.

3. W przypadku zużycia w ciągu kilku dni, przechowywać w lodówce nawet przez 2 dni.

4. W przypadku zamrożenia wstawić blaszany pojemnik do lodówki, aż klopsiki będą mocne. Przenieś się do chłodniejszego worka. Klopsiki będą przechowywane w lodówce przez 3 do 4 miesięcy.

5. Gotować

6. W średnim garnku zagotuj sos enchilada na niskim poziomie. Dołącz klopsiki (nie ma ważnego powodu do rozmrażania najpierw, jeśli klopsiki były

zestalony). Dusić klopsiki, aż będą ugotowane, 12 minut, zakładając, że są chrupiące i 20 minut, gdy stwardnieją.

7. Podczas duszenia klopsików przygotuj różne mocowania.

8. Zbierz miseczki taco, udekoruj ryż klopsikami i sosem, pokrój awokado, salsę, cheddar, kawałki jalapeño i kolendrę. Podawaj z kawałkami limonki i chipsami tortilla.

Zoodles z pesto z awokado i łososiem Porcje: 4

Czas gotowania: 25 minut

Składniki:

1 łyżka pesto

1 cytryna

2 mrożone/świeże steki z łososia

1 duża cukinia, spiralna

1 łyżka czarnego pieprzu

1 awokado

1/4 szklanki parmezanu, startego

przyprawa włoska

Wskazówki:

1. Rozgrzej piekarnik do 375 F. Przypraw łososia włoską przyprawą, solą i pieprzem i piecz przez 20 minut.

2. Dodaj awokado do miski wraz z łyżką pieprzu, sokiem z cytryny i łyżką pesto. Rozgnieć awokado i odłóż je na bok.

3. Dodaj makaron z cukinii na półmisek, a następnie mieszankę z awokado i łososia.

4. Posyp serem. W razie potrzeby dodaj więcej pesto. Cieszyć się!

Informacje o wartościach odżywczych:128 kalorii 9,9 g tłuszczu 9 g węglowodanów ogółem 4 g białka

Słodkie Ziemniaki Z Kurkumą, Jabłkiem I Cebulą Z Kurczakiem

Porcje: 4

Czas gotowania: 45 minut

Składniki:

2 łyżki niesolonego masła, w temperaturze pokojowej 2 średnie słodkie ziemniaki

1 duże jabłko Granny Smith

1 średnia cebula, cienko pokrojona

4 piersi z kurczaka ze skórą i kością

1 łyżeczka soli

1 łyżeczka kurkumy

1 łyżeczka suszonej szałwii

¼ łyżeczki świeżo zmielonego czarnego pieprzu

1 szklanka cydru jabłkowego, białego wina lub bulionu z kurczaka<u>Wskazówki:</u>

1. Rozgrzej piekarnik do 400°F. Blachę wysmarować masłem.

2. Ułóż słodkie ziemniaki, jabłko i cebulę w jednej warstwie na blasze do pieczenia.

3. Ułożyć kurczaka skórą do góry i doprawić solą, kurkumą, szałwią i pieprzem. Dodaj cydr.

4. Piec w ciągu 35 do 40 minut. Wyjąć, odstawić na 5 minut i podawać.

Informacje o wartościach odżywczych:Kalorie 386 Tłuszcz ogółem: 12 g Węglowodany ogółem: 26 g Cukier: 10 g Błonnik: 4 g Białko: 44 g Sód: 932 mg

Smażony ziołowy stek z łososia Porcje: 4

Czas gotowania: 5 minut

Składniki:

1 funt steku z łososia, opłukany 1/8 łyżeczki pieprzu cayenne 1 łyżeczka chili w proszku

½ łyżeczki kminku

2 ząbki czosnku, posiekane

1 łyżka oliwy z oliwek

¾ łyżeczki soli

1 łyżeczka świeżo zmielonego czarnego pieprzu

Wskazówki:

1. Rozgrzej piekarnik do 350 stopni F.

2. W misce wymieszaj pieprz cayenne, chili w proszku, kminek, sól i czarny pieprz. Odłożyć na bok.

3. Skrop stek z łososia oliwą z oliwek. Pocierać z obu stron. Natrzyj czosnek i przygotowaną mieszanką przypraw. Odstaw na 10 minut.

4. Gdy smaki się połączą, przygotuj żaroodporną patelnię.

Oliwę z oliwek podgrzać. Po podgrzaniu doprawiaj łososia przez 4 minuty z obu stron.

5. Przenieś patelnię do piekarnika. Piec przez 10 minut. Podawać.

Informacje o wartościach odżywczych:Kalorie 210 Węglowodany: 0 g Tłuszcz: 14 g Białko: 19 g

Letnie warzywa z tofu i przyprawami włoskimi

Porcje: 4

Czas gotowania: 20 minut

Składniki:

2 duże cukinie, pokrojone w ¼-calowe plastry

2 duże letnie kabaczki, pokrojone w plastry o grubości ¼ cala 1-funtowe twarde tofu, pokrojone w 1-calową kostkę

1 szklanka bulionu warzywnego lub wody

3 łyżki oliwy z oliwek extra vergine

2 ząbki czosnku, pokrojone

1 łyżeczka soli

1 łyżeczka włoskiej mieszanki przypraw ziołowych

¼ łyżeczki świeżo zmielonego czarnego pieprzu

1 łyżka cienko pokrojonej świeżej bazylii

Wskazówki:

1. Rozgrzej piekarnik do 400°F.

2. Połączyć cukinię, dynię, tofu, bulion, olej, czosnek, sól, włoską mieszankę przypraw ziołowych i pieprz na dużej blasze do pieczenia z krawędziami i dobrze wymieszać.

3. Piecz w ciągu 20 minut.

4. Posyp bazylią i podawaj.

<u>Informacje o wartościach odżywczych:</u>Kalorie 213 Tłuszcz ogółem: 16 g Węglowodany ogółem: 9 g Cukier: 4 g Błonnik: 3 g Białko: 13 g Sód: 806 mg

Sałatka z truskawkami i kozim serem Składniki:

1 funt chrupiących truskawek, pokrojonych w kostkę

Opcjonalnie: 1 do 2 łyżeczek nektaru lub syropu klonowego do smaku 2 uncje rozdrobnionego koziego sera cheddar (około ½ szklanki) ¼ szklanki posiekanej chrupkiej bazylii, oprócz kilku listków bazylii do dekoracji

1 łyżka oliwy z oliwek extra vergine

1 łyżka gęstego octu balsamicznego*

½ łyżeczki płatkowej soli morskiej Maldon lub niewystarczająca ¼

łyżeczka drobnej soli morskiej

Chrupiąco mielony ciemny pieprz

Wskazówki:

1. Rozłóż pokrojone w kostkę truskawki na średnim półmisku lub płytkiej misce. W przypadku, gdy truskawki nie są wystarczająco słodkie dokładnie tak, jak byś chciał, rzuć je z odrobiną nektaru lub syropu klonowego.

2. Posyp truskawki rozdrobnionym kozim serem cheddar z posiekaną bazylią. Na wierzch polej oliwą z oliwek i octem balsamicznym.

3. Wypoleruj talerz mieszanej zieleni z solą, kilkoma kawałkami chrupko zmielonego ciemnego pieprzu i zachowanymi liśćmi bazylii. Aby uzyskać jak najlepsze wprowadzenie, szybko podawaj talerz mieszanej zieleni.

Skrawki będą jednak dobrze przechowywać w lodówce przez około 3 dni.

Gulasz z kalafiora z kurkumą i dorszem Porcje: 4

Czas gotowania: 30 minut

Składniki:

½ funta różyczek kalafiora

1-funtowe filety z dorsza, bez kości, bez skóry i pokrojone w kostkę 1 łyżka oliwy z oliwek

1 żółta cebula, posiekana

½ łyżeczki nasion kminku

1 zielone chili, posiekane

¼ łyżeczki kurkumy w proszku

2 pokrojone pomidory

Szczypta soli i czarnego pieprzu

½ szklanki bulionu z kurczaka

1 łyżka kolendry, posiekanej

Wskazówki:

1. Rozgrzać garnek z olejem na średnim ogniu, dodać cebulę, chili, kminek i kurkumę, wymieszać i smażyć 5 minut.

2. Dodać kalafior, rybę i pozostałe składniki, wymieszać, doprowadzić do wrzenia i gotować na średnim ogniu jeszcze przez 25 minut.

3. Rozłóż gulasz do miseczek i podawaj.

Informacje o wartościach odżywczych:kalorie 281, tłuszcz 6, błonnik 4, węglowodany 8, białko 12

Orzechy włoskie i szparagi Delight Porcje: 4

Czas gotowania: 5 minut

Składniki:

1 i ½ łyżki oliwy z oliwek

¾ funta szparagów, przyciętych

¼ szklanki orzechów włoskich, posiekanych

Pestki słonecznika i pieprz do smaku

Wskazówki:

1. Umieść patelnię na średnim ogniu, dodaj oliwę z oliwek i pozwól jej się rozgrzać.

2. Dodaj szparagi, smaż przez 5 minut, aż się zarumienią.

3. Doprawić słonecznikiem i pieprzem.

4. Usuń ciepło.

5. Dodaj orzechy włoskie i wymieszaj.

Informacje o wartościach odżywczych:Kalorie: 124Tłuszcz: 12gWęglowodany: 2gBiałko: 3g

Alfredo Makaron Cukiniowy Składniki:

2 średnie cukinie spiralizowane

1-2 TB Wegański Parmezan (wedle uznania)

Szybki sos Alfredo

1/2 szklanki surowych orzechów nerkowca moczonych przez kilka godzin lub w bulgoczącej wodzie przez 10 minut

2 łyżki soku z cytryny

Drożdże odżywcze 3 TB

2 łyżeczki białego miso (może być tamari, sos sojowy lub aminokwasy kokosowe)

1 łyżeczka proszku cebulowego

1/2 łyżeczki czosnku w proszku

1/4-1/2 szklanki wody

Wskazówki:

1. Spiralizuj makaron z cukinii.

2. Dodaj wszystkie mocowania alfredo do szybkiego blendera (zaczynając od 1/4 szklanki wody) i mieszaj do uzyskania gładkości. W przypadku, gdy sos

jest zbyt gęsty, dodaj więcej wody po łyżce stołowej, aż uzyskasz pożądaną konsystencję.

3. Makaron z cukinii z sosem alfredo i jeśli masz ochotę, wegetariański wózek.

Składniki na Kurczaka z Indyka Quinoa:

1 szklanka komosy ryżowej, przepłukanej

3-1/2 szklanki wody, odizolowane

1/2 funta chudego mielonego indyka

1 ogromna słodka cebula, pokrojona

1 średnio słodka czerwona papryka, pokrojona

4 ząbki czosnku, posiekane

1 łyżka gulaszu fasolowego w proszku

1 łyżka mielonego kminku

1/2 łyżeczki mielonego cynamonu

2 słoiki (po 15 uncji każdy) ciemna fasola, przepłukana i wyczerpana 1 puszka (28 uncji) zgniecionych pomidorów

1 średnia cukinia, pokrojona

1 papryczka chipotle w sosie adobo, pokrojona

1 łyżka sosu adobo

1 zwęża liść

1 łyżeczka suszonego oregano

1/2 łyżeczki soli

1/4 łyżeczki pieprzu

1 szklanka zestalonej kukurydzy, rozmrożonej

1/4 szklanki posiekanej ostrej kolendry

Dowolne dodatki: awokado pokrojone w kostkę, zniszczony cheddar Monterey Jack

Wskazówki:

1. Na ogromnej patelni podgrzej quinoę i 2 szklanki wody do wrzenia. Zmniejsz ciepło; rozsmarować i dusić przez 12-15 minut lub do zatrzymania wody. Wydal z ciepła; rozgnieść widelcem i odłożyć w bezpieczne miejsce.

2. Następnie na ogromnej patelni pokrytej prysznicem do gotowania smaż indyka, cebulę, czerwoną paprykę i czosnek na średnim ogniu, aż mięso już nigdy nie będzie różowe, a warzywa delikatne; kanał. Wymieszaj proszek do gulaszu fasolowego, kminek i cynamon; gotować 2 minuty dłużej.

Kiedy chcesz, prezentuj z dowolnymi dodatkami.

3. Dodać ciemną fasolę, pomidory, cukinię, paprykę chipotle, sos adobo, liść mielony, oregano, sól, pieprz i pozostałą wodę.

Podgrzać do wrzenia. Zmniejsz ciepło; smarować i dusić przez 30 minuty. Wymieszaj kukurydzę i komosę ryżową; przegrzać. Pozbądź się wąskiego liścia; wymieszać z kolendrą. Prezentuj z dowolnymi mocowaniami zgodnie z życzeniem.

4. Zamroź alternatywę: Zamroź schłodzony gulasz w chłodniejszych komorach.

Aby wykorzystać, niecałkowicie rozmrażaj w lodówce średnioterminowo. Ciepło w garnku, mieszając od czasu do czasu; dodaj soki lub wodę, jeśli jest to niezbędne.

Makaron z czosnkiem i dynią Porcje: 4

Czas gotowania: 15 minut

Składniki:

Do Przygotowania Sosu

¼ szklanki mleka kokosowego

6 Duże daty

2/3g wiórków kokosowych

6 ząbków czosnku

2 łyżki pasty imbirowej

2 łyżki czerwonej pasty curry

Do Przygotowania Klusek

1 Duży makaron do squasha

½ Julienne pokroić marchewki

½ Julienne pokrojonej cukinii

1 mała czerwona papryka

¼ szklanki orzechów nerkowca

Wskazówki:

1. Aby zrobić sos, zmiksuj wszystkie składniki i zrób gęste puree.

2. Przekrój spaghetti squash wzdłuż i zrób makaron.

3. Delikatnie posmaruj blachę do pieczenia oliwą z oliwek i piecz makaron do squasha w temperaturze 40°C przez 5-6 minut.

4. Do podania dodaj makaron i puree do miski. Lub podawaj puree z makaronem.

Informacje o wartościach odżywczych:Kalorie 405 Węglowodany: 107 g Tłuszcz: 28 g Białko: 7 g

Pstrąg na parze z czerwoną fasolą i salsą chilli

Porcje: 1

Czas gotowania: 16 minut

Składniki:

4 ½ uncji pomidorów koktajlowych, przekrojonych na pół

1/4 awokado, nieobrane

6 uncji filet z pstrąga oceanicznego bez skóry

Liście kolendry do podania

2 łyżeczki oliwy z oliwek

Kawałki limonki, do podania

4 ½ uncji czerwonej fasoli w puszce, opłukanej i odsączonej 1/2 czerwonej cebuli, cienko pokrojonej

1 łyżka marynowanych papryczek jalapeno, odsączonych

1/2 łyżeczki mielonego kminku

4 sycylijskie oliwki/zielone oliwki

Wskazówki:

1. Umieść koszyk do gotowania na parze nad garnkiem z gotującą się wodą. Dodaj rybę do koszyka i przykryj, gotuj przez 10-12 minut.

2. Wyjmij rybę i pozwól jej odpocząć przez kilka minut. W międzyczasie rozgrzej trochę oleju na patelni.

3. Dodaj marynowane papryczki jalapenos, czerwoną fasolę, oliwki, 1/2 łyżeczki kminku i pomidorki koktajlowe. Gotować około 4-5 minut, ciągle mieszając.

4. Nałóż ciasto fasolowe na półmisek, a następnie pstrąga.

Dodaj kolendrę i cebulę na wierzchu.

5. Podawaj z kawałkami limonki i awokado. Ciesz się gotowanym na parze pstrągiem oceanicznym z czerwoną fasolą i salsą chili!

Informacje o wartościach odżywczych:243 kalorie 33,2 g tłuszczu 18,8 g węglowodanów ogółem 44 g białka

Zupa ze słodkich ziemniaków i indyka Porcje: 4

Czas gotowania: 45 minut

Składniki:

2 łyżki oliwy z oliwek

1 żółta cebula, posiekana

1 zielona papryka, posiekana

2 słodkie ziemniaki, obrane i pokrojone w kostkę

1-funtowa pierś z indyka, bez skóry, bez kości i pokrojona w kostkę 1 łyżeczka mielonej kolendry

Szczypta soli i czarnego pieprzu

1 łyżeczka słodkiej papryki

6 szklanek bulionu z kurczaka

Sok z 1 limonki

garść natki pietruszki, posiekanej

Wskazówki:

1. Rozgrzej garnek z olejem na średnim ogniu, dodaj cebulę, paprykę i słodkie ziemniaki, wymieszaj i smaż przez 5 minut.

2. Dodać mięso i smażyć jeszcze przez 5 minut.

3. Dodać pozostałe składniki, wymieszać, doprowadzić do wrzenia i gotować na średnim ogniu jeszcze przez 35 minut.

4. Nalej zupę do miseczek i podawaj.

Informacje o wartościach odżywczych:kalorie 203, tłuszcz 5, błonnik 4, węglowodany 7, białko 8

Łosoś pieczony w miso Porcje: 2

Czas gotowania: 20 minut

Składniki:

2 łyżki stołowe. Syrop klonowy

2 cytryny

¼ szklanki miso

¼ łyżeczki Pieprz, uziemiony

2 limonki

2 ½ funta Łosoś ze skórą

Odrobina pieprzu Cayenne

2 łyżki stołowe. Oliwa z oliwek z pierwszego tłoczenia

¼ szklanki miso

Wskazówki:

1. Najpierw wymieszaj sok z limonki i sok z cytryny w małej misce, aż dobrze się połączą.

2. Następnie dodaj miso, pieprz cayenne, syrop klonowy, oliwę z oliwek i pieprz. Dobrze połączyć.

3. Następnie ułóż łososia na blasze wyłożonej papierem do pieczenia skórą do dołu.

4. Obficie posmaruj łososia cytrynową mieszanką miso.

5. Teraz połóż połówki cytryny i limonki na bokach przecięciem do góry.

6. Na koniec piecz je przez 8 do 12 minut lub do momentu, aż ryba się rozpadnie.

Informacje o wartościach odżywczych:Kalorie: 230KcalBiałka: 28,3gWęglowodany: 6,7gTłuszcz: 8,7g

Po prostu smażone płatki filetowe Porcje: 6

Czas gotowania: 8 minut

Składniki:

6 filetów tilapii

2 łyżki oliwy z oliwek

1 szt cytryna, sok

Sól i pieprz do smaku

¼ szklanki posiekanej natki pietruszki lub kolendry

Wskazówki:

1. Podsmaż filety tilapia z oliwą z oliwek na średniej wielkości patelni ustawionej na średnim ogniu. Smaż przez 4 minuty z każdej strony, aż ryba łatwo będzie się rozpadać widelcem.

2. Dodaj sól i pieprz do smaku. Do każdego fileta wlej sok z cytryny.

3. Przed podaniem posyp ugotowane filety posiekaną natką pietruszki lub kolendrą.

Informacje o wartościach odżywczych:Kalorie: 249 kcal Tłuszcz: 8,3 g Białko: 18,6 g Węglowodany: 25,9

Błonnik: 1 g

Wieprzowina Carnitas Porcje: 10

Czas gotowania: 8 godz. 10 minut

Składniki:

5 funtów. łopatka wieprzowa

2 ząbki czosnku, posiekane

1 łyżeczka czarnego pieprzu

1/4 łyżeczki cynamonu

1 łyżeczka suszonego oregano

1 łyżeczka mielonego kminku

1 liść laurowy

2 uncje bulionu z kurczaka

1 łyżeczka soku z limonki

1 łyżka chili w proszku

1 łyżka soli

Wskazówki:

1. Dodaj wieprzowinę wraz z resztą składników do wolnowaru.

2. Załóż pokrywkę i gotuj przez 8 godzin. na małym ogniu.

3. Gotową wieprzowinę rozdrobnić widelcem.

4. Rozłóż posiekaną wieprzowinę na blasze do pieczenia.

5. Podpiekaj przez 10 minut, a następnie podawaj.

<u>Informacje o wartościach odżywczych:</u>Kalorie 547 Tłuszcz 39 g, Węglowodany 2,6 g, Błonnik 0 g, Białko 43 g

Biała Zupa Rybna Z Warzywami

Porcje: 6 do 8

Czas gotowania: 32 do 35 minut

Składniki:

3 słodkie ziemniaki, obrane i pokrojone na półcalowe kawałki 4 marchewki, obrane i pokrojone na półcalowe kawałki 3 szklanki pełnotłustego mleka kokosowego

2 szklanki wody

1 łyżeczka suszonego tymianku

½ łyżeczki soli morskiej

10½ uncji (298 g) białej ryby, bez skóry i jędrnej, takiej jak dorsz lub halibut, pokrojonej na kawałki

Wskazówki:

1. Dodaj słodkie ziemniaki, marchew, mleko kokosowe, wodę, tymianek i sól morską do dużego rondla na dużym ogniu i zagotuj.

2. Zmniejsz ogień do niskiego, przykryj i gotuj na wolnym ogniu przez 20 minut, aż warzywa będą miękkie, od czasu do czasu mieszając.

3. Wlej połowę zupy do blendera i zmiksuj na puree, aż będzie dokładnie wymieszane i gładkie, a następnie włóż z powrotem do garnka.

4. Wmieszaj kawałki ryby i kontynuuj gotowanie przez kolejne 12 do 15 minut lub do momentu, aż ryba będzie gotowa.

5. Zdejmij z ognia i podawaj w miseczkach.

<u>Informacje o wartościach odżywczych:</u>kalorie: 450 ; tłuszcz: 28,7g; białko: 14,2g; węglowodany: 38,8 g; włókno: 8,1g; cukier: 6,7g; sód: 250 mg

Cytrynowe Małże Porcje: 4

Składniki:

1 łyżka. extra virgin oliwa z oliwek extra virgin 2 ząbki czosnku

2 funty. wyszorowane małże

Sok z jednej cytryny

Wskazówki:

1. Do garnka wlej trochę wody, dodaj małże, zagotuj na średnim ogniu, gotuj przez 5 minut, wyrzuć nieotwarte małże i przełóż je do miski.

2. W innej misce wymieszaj oliwę z czosnkiem i świeżo wyciśniętym sokiem z cytryny, dobrze wymieszaj i dodaj małże, wymieszaj i podawaj.

3. Ciesz się!

Informacje o wartościach odżywczych:Kalorie: 140, Tłuszcz: 4 g, Węglowodany: 8 g, Białko: 8 g, Cukry: 4 g, Sód: 600 mg,

Porcje łososia w limonce i chili: 2

Czas gotowania: 8 minut

Składniki:

1 funt łososia

1 łyżka soku z limonki

½ łyżeczki pieprzu

½ łyżeczki chili w proszku

4 plasterki limonki

Wskazówki:

1. Skrop łososia sokiem z limonki.

2. Posyp z obu stron pieprzem i chili w proszku.

3. Dodaj łososia do frytownicy.

4. Połóż plasterki limonki na łososiu.

5. Smażyć na powietrzu w temperaturze 375 stopni F przez 8 minut.

Serowy makaron z tuńczykiem Porcje: 3-4

Składniki:

2 w. rukola

¼ c. posiekana zielona cebula

1 łyżka. ocet czerwony

5 uncji odsączony tuńczyk z puszki

¼ łyżeczki czarny pieprz

2 uncje. gotowany makaron pełnoziarnisty

1 łyżka. Oliwa z oliwek

1 łyżka. tarty niskotłuszczowy parmezan

Wskazówki:

1. Gotuj makaron w niesolonej wodzie, aż będzie gotowy. Odcedź i odłóż na bok.

2. W dużej misce dokładnie wymieszaj tuńczyka, zieloną cebulę, ocet, olej, rukolę, makaron i czarny pieprz.

3. Dobrze wymieszaj i posyp serem.

4. Podawaj i ciesz się.

Informacje o wartościach odżywczych:Kalorie: 566,3, Tłuszcz: 42,4 g, Węglowodany: 18,6 g, Białko: 29,8 g, Cukry: 0,4 g, Sód: 688,6 mg

Paski rybne w panierce kokosowej Porcje: 4

Czas gotowania: 12 minut

Składniki:

marynata

1 łyżka sosu sojowego

1 łyżeczka mielonego imbiru

½ szklanki mleka kokosowego

2 łyżki syropu klonowego

½ szklanki soku ananasowego

2 łyżeczki ostrego sosu

Ryba

1 funt filetu rybnego, pokrojonego w paski

pieprz do smaku

1 szklanka bułki tartej

1 szklanka płatków kokosowych (niesłodzonych)

Spray do gotowania

Wskazówki:

1. Wymieszaj składniki marynaty w misce.

2. Wmieszaj paski rybne.

3. Przykryj i wstaw do lodówki na 2 godziny.

4. Rozgrzej frytkownicę do 375 stopni F.

5. W misce wymieszać pieprz, bułkę tartą i wiórki kokosowe.

6. Zanurz paski rybne w bułce tartej.

7. Spryskaj kosz frytownicy olejem.

8. Dodaj paski rybne do kosza frytownicy.

9. Smażyć na wolnym powietrzu przez 6 minut z każdej strony.

Porcje meksykańskiej ryby: 2

Czas gotowania: 10 minut

Składniki:

4 filety rybne

2 łyżeczki meksykańskiego oregano

4 łyżeczki kminku

4 łyżeczki chili w proszku

pieprz do smaku

Spray do gotowania

Wskazówki:

1. Rozgrzej frytkownicę do 400 stopni F.

2. Spryskaj rybę olejem.

3. Dopraw rybę z obu stron przyprawami i pieprzem.

4. Umieść rybę w koszu frytownicy.

5. Gotuj przez 5 minut.

6. Odwróć i gotuj przez kolejne 5 minut.

Pstrąg Z Salsą Ogórkową Porcje: 4

Czas gotowania: 10 minut

Składniki:

Salsa:

1 ogórek angielski, pokrojony w kostkę

¼ szklanki niesłodzonego jogurtu kokosowego

2 łyżki posiekanej świeżej mięty

1 szalotka, biała i zielona część, posiekana

1 łyżeczka surowego miodu

Sól morska

Ryba:

4 (5 uncji) filety z pstrąga, osuszone

1 łyżka oliwy z oliwek

Sól morska i świeżo zmielony czarny pieprz do smaku<u>Wskazówki:</u>

1. Przygotuj salsę: wymieszaj jogurt, ogórek, miętę, szalotkę, miód i sól morską w małej misce, aż do całkowitego wymieszania. Odłożyć na bok.

2. Delikatnie natrzyj filety z pstrąga solą morską i pieprzem na czystym blacie.

3. Rozgrzej oliwę z oliwek na dużej patelni na średnim ogniu. Dodaj filety z pstrąga na gorącą patelnię i smaż przez około 10 minut, obracając rybę w połowie lub do momentu, aż ryba będzie ugotowana zgodnie z twoimi upodobaniami.

4. Rozłóż salsę na rybie i podawaj.

Informacje o wartościach odżywczych:kalorie: 328 ; tłuszcz: 16,2g; białko: 38,9g; węglowodany: 6,1 g

; błonnik: 1,0g; cukier: 3,2 g; sód: 477 mg

Cytrynowe Zoodles Z Krewetkami Porcje: 4

Czas gotowania: 0 minut

Składniki:

Sos:

½ szklanki zapakowanych świeżych liści bazylii

Sok z 1 cytryny (lub 3 łyżki stołowe)

1 łyżeczka posiekanego czosnku z butelki

szczypta soli morskiej

Szczypta świeżo zmielonego czarnego pieprzu

¼ szklanki pełnotłustego mleka kokosowego z puszki

1 duży żółty kabaczek, pokrojony w słupki lub spiralizowany 1 duża cukinia, pokrojony w słupki lub spiralizowany

1 funt (454 g) krewetek, pozbawionych żył, ugotowanych, obranych i schłodzonych Skórka z 1 cytryny (opcjonalnie)

Wskazówki:

1. Przygotuj sos: Zmiksuj liście bazylii, sok z cytryny, czosnek, sól morską i pieprz w robocie kuchennym, aż zostaną dokładnie posiekane.

2. Powoli wlewaj mleko kokosowe, gdy robot wciąż pracuje. Pulsuj, aż będzie gładkie.

3. Przenieś sos do dużej miski razem z żółtą dynią i cukinią. Dobrze wymieszaj.

4. Rozłóż krewetki i skórkę z cytryny (w razie potrzeby) na wierzchu makaronu. Natychmiast podawaj.

Informacje o wartościach odżywczych:kalorie: 246 ; tłuszcz: 13,1 g; białko: 28,2g; węglowodany: 4,9 g

; błonnik: 2,0g; cukier: 2,8 g; sód: 139 mg

Chrupiące krewetki Porcje: 4

Czas gotowania: 3 minuty

Składniki:

1 funt krewetek, obranych i pozbawionych żyłek

½ szklanki mieszanki do panierowania ryb

Spray do gotowania

Wskazówki:

1. Rozgrzej frytkownicę do 390 stopni F.

2. Spryskaj krewetki olejem.

3. Posmarować panierką.

4. Spryskaj kosz frytownicy olejem.

5. Dodaj krewetki do koszyka frytownicy.

6. Gotuj przez 3 minuty.

Porcje pieczonego okonia morskiego: 2

Składniki:

2 posiekane ząbki czosnku

Pieprz.

1 łyżka. sok cytrynowy

2 filety z białego okonia morskiego

¼ łyżeczki ziołowa mieszanka przypraw

Wskazówki:

1. Spryskaj patelnię brojlerów odrobiną oliwy z oliwek i ułóż na niej filety.

2. Filety skropić sokiem z cytryny, czosnkiem i przyprawami.

3. Smażyć przez około 10 minut lub do momentu, aż ryba będzie złota.

4. W razie potrzeby podawaj z podsmażonym szpinakiem.

Informacje o wartościach odżywczych:Kalorie: 169, Tłuszcz: 9,3 g, Węglowodany: 0,34 g, Białko: 15,3

g, cukry: 0,2 g, sód: 323 mg

Ciasteczka z łososiem Porcje: 4

Czas gotowania: 10 minut

Składniki:

Spray do gotowania

1 funt filetu z łososia, płatkowany

¼ szklanki mąki migdałowej

2 łyżeczki przyprawy Old Bay

1 zielona cebula, posiekana

Wskazówki:

1. Rozgrzej frytkownicę do 390 stopni F.

2. Spryskaj kosz frytownicy olejem.

3. W misce połącz pozostałe składniki.

4. Z powstałej masy uformować kotleciki.

5. Spryskaj paszteciki z obu stron olejem.

6. Smażyć na powietrzu przez 8 minut.

Porcje Pikantnego Dorsza: 4

Składniki:

2 łyżki. Świeża posiekana natka pietruszki

2 funty. filety z dorsza

2 w. salsa o niskiej zawartości sodu

1 łyżka. olej bez smaku

Wskazówki:

1. Rozgrzej piekarnik do 350°F.

2. W dużym, głębokim naczyniu żaroodpornym skropić dno olejem.

Filety z dorsza ułożyć w naczyniu. Wlej salsę na rybę. Przykryć folią na 20 minut. Zdjąć folię z ostatnich 10 minut pieczenia.

3. Piec w piekarniku przez 20 – 30 minut, aż ryba będzie chrupiąca.

4. Podawaj z białym lub brązowym ryżem. Udekoruj pietruszką.

Informacje o wartościach odżywczych:Kalorie: 110, Tłuszcz: 11 g, Węglowodany: 83 g, Białko: 16,5 g, Cukry: 0 g, Sód: 122 mg

Pasta z wędzonego pstrąga Porcje: 2

Składniki:

2 łyżeczki Świeży sok z cytryny

½ w. niskotłuszczowy twarożek

1 łodyga selera pokrojona w kostkę

¼ funta wędzonego fileta z pstrąga bez skóry,

½ łyżeczki sos Worcestershire

1 łyżeczka. ostry sos paprykowy

¼ c. grubo posiekana czerwona cebula

Wskazówki:

1. Połącz pstrąga, twaróg, czerwoną cebulę, sok z cytryny, ostry sos paprykowy i sos Worcestershire w blenderze lub robocie kuchennym.

2. Zmiksuj, aż będzie gładkie, w razie potrzeby zatrzymując się, aby zeskrobać boki miski.

3. Złożyć pokrojony w kostkę seler.

4. Przechowywać w hermetycznym pojemniku w lodówce.

Informacje o wartościach odżywczych:Kalorie: 57, Tłuszcz: 4 g,

Węglowodany: 1 g, Białko: 4 g, Cukry: 0 g, Sód: 660 mg

Porcje z tuńczykiem i szalotkami: 4

Składniki:

½ w. bulion z kurczaka o niskiej zawartości sodu

1 łyżka. Oliwa z oliwek

4 filety z tuńczyka bez kości i skóry

2 posiekane szalotki

1 łyżeczka. słodka papryka

2 łyżki. sok limonkowy

¼ łyżeczki czarny pieprz

Wskazówki:

1. Rozgrzej patelnię z olejem na średnim ogniu, dodaj szalotki i smaż przez 3 minuty.

2. Dodaj rybę i smaż przez 4 minuty z każdej strony.

3. Dodaj pozostałe składniki, gotuj wszystko jeszcze przez 3 minuty, rozłóż na talerzach i podawaj.

Informacje o wartościach odżywczych:Kalorie: 4040, Tłuszcz: 34,6 g, Węglowodany: 3 g, Białko: 21,4 g, Cukry: 0,5 g, Sód: 1000 mg

Krewetki z papryką cytrynową Porcje: 2

Czas gotowania: 10 minut

Składniki:

1 łyżka soku z cytryny

1 łyżka oliwy z oliwek

1 łyżeczka pieprzu cytrynowego

¼ łyżeczki czosnku w proszku

¼ łyżeczki papryki

12 uncji. krewetki, obrane i pozbawione żyłek

Wskazówki:

1. Rozgrzej frytkownicę do 400 stopni F.

2. Wymieszaj sok z cytryny, oliwę z oliwek, pieprz cytrynowy, czosnek w proszku i paprykę w misce.

3. Wymieszaj krewetki i równomiernie posmaruj mieszanką.

4. Dodaj do frytownicy.

5. Gotuj przez 8 minut.

Stek z tuńczyka na ciepło Porcje: 6

Składniki:

2 łyżki. Świeży sok z cytryny

Pieprz.

Majonez z pieczonej pomarańczy i czosnku

¼ c. całe czarne ziarna pieprzu

6 pokrojonych steków z tuńczyka

2 łyżki. Oliwa z oliwek z pierwszego tłoczenia

Sól

Wskazówki:

1. Umieść tuńczyka w misce, aby się zmieścił. Dodaj olej, sok z cytryny, sól i pieprz. Obróć tuńczyka, aby dobrze obtoczył się w marynacie. Odpocznij od 15 do 20

minut, obracając raz.

2. Umieść ziarna pieprzu w plastikowych torebkach o podwójnej grubości. Uderz ziarna pieprzu ciężkim rondlem lub małym młotkiem, aby je grubo zmiażdżyć. Ułożyć na dużym talerzu.

3. Gdy tuńczyk będzie gotowy do ugotowania, zanurz brzegi w pokruszonych ziarnach pieprzu. Rozgrzej nieprzywierającą patelnię na średnim ogniu. Smaż steki z tuńczyka, w razie potrzeby partiami, przez 4 minuty z każdej strony w przypadku średnio krwistych ryb, w razie potrzeby dodając 2 do 3 łyżek marynaty na patelnię, aby zapobiec przywieraniu.

4. Podawać udekorowane majonezem z pieczonej pomarańczy i czosnku<u>Informacje o wartościach odżywczych:</u>Kalorie: 124, Tłuszcz: 0,4 g, Węglowodany: 0,6 g, Białko: 28 g, Cukry: 0 g, Sód: 77 mg

Porcje łososia Cajun: 2

Czas gotowania: 10 minut

Składniki:

2 filety z łososia

Spray do gotowania

1 łyżka przyprawy Cajun

1 łyżka miodu

Wskazówki:

1. Rozgrzej frytkownicę do 390 stopni F.

2. Spryskaj rybę olejem z obu stron.

3. Posyp przyprawą Cajun.

4. Spryskaj kosz frytownicy olejem.

5. Dodaj łososia do kosza frytownicy.

6. Smażyć na powietrzu przez 10 minut.

Quinoa Miska Łososia Z Warzywami

Porcje: 4

Czas gotowania: 0 minut

Składniki:

1 funt (454 g) gotowanego łososia w płatkach

4 szklanki ugotowanej komosy ryżowej

6 rzodkiewek, pokrojonych w cienkie plasterki

1 cukinia pokrojona w półksiężyce

3 szklanki rukoli

3 szalotki, posiekane

½ szklanki oleju migdałowego

1 łyżeczka ostrego sosu bez cukru

1 łyżka octu jabłkowego

1 łyżeczka soli morskiej

½ szklanki prażonych migdałów, do dekoracji (opcjonalnie)## Wskazówki:

1. W dużej misce wymieszaj płatki łososia, gotowaną komosę ryżową, rzodkiewkę, cukinię, rukolę i szalotki i dobrze wymieszaj.

2. Dodaj olej migdałowy, ostry sos, ocet jabłkowy i sól morską i wymieszaj.

3. Podziel mieszaninę na cztery miski. W razie potrzeby posyp każdą miskę równomiernie posiekanymi migdałami do dekoracji. Natychmiast podawaj.

Informacje o wartościach odżywczych:kalorie: 769 ; tłuszcz: 51,6g; białko: 37,2g; węglowodany: 44,8 g; błonnik: 8,0g; cukier: 4,0g; sód: 681 mg

Porcje panierowanej ryby: 4

Czas gotowania: 15 minut

Składniki:

¼ szklanki oliwy z oliwek

1 szklanka suchej bułki tartej

4 filety z białej ryby

pieprz do smaku

Wskazówki:

1. Rozgrzej frytkownicę do 350 stopni F.

2. Posyp rybę pieprzem z obu stron.

3. Połącz olej i bułkę tartą w misce.

4. Zanurz rybę w mieszance.

5. Dociśnij bułkę tartą, aby się przykleiła.

6. Umieść rybę we frytkownicy.

7. Gotuj przez 15 minut.

Proste kotleciki z łososia Porcje: 4

Czas gotowania: 8 do 10 minut

Składniki:

1 funt (454 g) filetów z łososia bez kości, mielonych ¼ szklanki mielonej słodkiej cebuli

½ szklanki mąki migdałowej

2 ząbki czosnku, posiekane

2 jajka, roztrzepane

1 łyżeczka musztardy Dijon

1 łyżka świeżo wyciśniętego soku z cytryny

Posiekaj płatki czerwonej papryki

½ łyżeczki soli morskiej

¼ łyżeczki świeżo zmielonego czarnego pieprzu

1 łyżka oleju z awokado

Wskazówki:

1. Wymieszaj mielonego łososia, słodką cebulę, mąkę migdałową, czosnek, roztrzepane jajka, musztardę, sok z cytryny, płatki czerwonej papryki, sól morską i pieprz w dużej misce i mieszaj, aż dobrze się połączą.

2. Pozostaw mieszankę z łososiem na 5 minut.

3. Nabierz mieszankę z łososia i uformuj rękami cztery placki o grubości ½ cala.

4. Rozgrzej olej z awokado na dużej patelni na średnim ogniu. Umieść placki na gorącej patelni i smaż z każdej strony przez 4 do 5 minut, aż lekko się zrumienią i ugotują.

5. Zdejmij z ognia i podawaj na talerzu.

Informacje o wartościach odżywczych:kalorie: 248 ; tłuszcz: 13,4g; białko: 28,4g; węglowodany: 4,1 g

; błonnik: 2,0g; cukier: 2,0 g; sód: 443 mg

Popcorn Krewetki Porcje: 4

Czas gotowania: 10 minut

Składniki:

½ łyżeczki cebuli w proszku

½ łyżeczki czosnku w proszku

½ łyżeczki papryki

¼ łyżeczki mielonej musztardy

⅛ łyżeczki suszonej szałwii

⅛ łyżeczki mielonego tymianku

⅛ łyżeczki suszonego oregano

⅛ łyżeczki suszonej bazylii

pieprz do smaku

3 łyżki skrobi kukurydzianej

1 funt krewetek, obranych i pozbawionych żyłek

Spray do gotowania

Wskazówki:

1. Połącz wszystkie składniki oprócz krewetek w misce.

2. Posmaruj krewetki mieszanką.

3. Spryskaj kosz frytownicy olejem.

4. Rozgrzej frytkownicę do 390 stopni F.

5. Dodaj krewetki do środka.

6. Smażyć na powietrzu przez 4 minuty.

7. Potrząśnij koszykiem.

8. Gotuj przez kolejne 5 minut.

Pikantna pieczona ryba Porcje: 5

Składniki:

1 łyżka. Oliwa z oliwek

1 łyżeczka. przyprawa bez soli

1 funt filet z łososia

Wskazówki:

1. Rozgrzej piekarnik do 350F.

2. Skrop rybę oliwą z oliwek i przyprawami.

3. Piecz przez 15 min bez przykrycia.

4. Pokrój i podawaj.

Informacje o wartościach odżywczych:Kalorie: 192, Tłuszcz: 11 g, Węglowodany: 14,9 g, Białko: 33,1 g, Cukry: 0,3 g, Sód: 505 6 mg

Tuńczyk z papryką Porcje: 4

Składniki:

½ łyżeczki chili w proszku

2 łyżeczki słodka papryka

¼ łyżeczki czarny pieprz

2 łyżki. Oliwa z oliwek

4 steki z tuńczyka bez kości

Wskazówki:

1. Rozgrzej patelnię z olejem na średnim ogniu, dodaj steki z tuńczyka, dopraw papryką, czarnym pieprzem i chili w proszku, smaż przez 5 minut z każdej strony, przełóż na talerze i podawaj z sałatką boczną.

Informacje o wartościach odżywczych:Kalorie: 455, Tłuszcz: 20,6 g, Węglowodany: 0,8 g, Białko: 63,8

g, cukry: 7,4 g, sód: 411 mg

Paszteciki rybne Porcje: 2

Czas gotowania: 7 minut

Składniki:

8 uncji filet z białej ryby, płatkowany

Czosnek w proszku do smaku

1 łyżeczka soku z cytryny

Wskazówki:

1. Rozgrzej frytkownicę do 390 stopni F.

2. Połącz wszystkie składniki.

3. Z powstałej masy uformować kotlety.

4. Umieść paszteciki rybne we frytkownicy.

5. Gotuj przez 7 minut.

Smażone Przegrzebki Z Miodem Porcje: 4

Czas gotowania: 15 minut

Składniki:

1 funt (454 g) dużych przegrzebków, opłukanych i osuszonych solą morską

Dash

Drob świeżo zmielony czarny pieprz

2 łyżki oleju z awokado

¼ szklanki surowego miodu

3 łyżki aminokwasów kokosowych

1 łyżka octu jabłkowego

2 ząbki czosnku, posiekane

Wskazówki:

1. W misce dodaj przegrzebki, sól morską i pieprz i mieszaj, aż dobrze się pokryją.

2. Na dużej patelni rozgrzej olej z awokado na średnim ogniu.

3. Smaż przegrzebki przez 2 do 3 minut z każdej strony lub do momentu, aż przegrzebki staną się mlecznobiałe lub nieprzejrzyste i jędrne.

4. Zdejmij przegrzebki z ognia na talerz i luźno zawiń w folię, aby się nie rozgrzały. Odłożyć na bok.

5. Dodaj miód, aminokwasy kokosowe, ocet i czosnek na patelnię i dobrze wymieszaj.

6. Doprowadzić do wrzenia i gotować przez około 7 minut, aż płyn się zredukuje, od czasu do czasu mieszając.

7. Przełóż smażone przegrzebki z powrotem na patelnię, mieszając, aby pokryły się glazurą.

8. Podziel przegrzebki na cztery talerze i podawaj na ciepło.

Informacje o wartościach odżywczych: kalorie: 382 ; tłuszcz: 18,9g; białko: 21,2g; węglowodany: 26,1 g; błonnik: 1,0g; cukier: 17,7 g; sód: 496 mg

Filety z dorsza z grzybami shiitake Porcje: 4

Czas gotowania: 15 do 18 minut

Składniki:

1 ząbek czosnku, posiekany

1 por, cienko pokrojony

1 łyżeczka posiekanego świeżego korzenia imbiru

1 łyżka oliwy z oliwek

½ szklanki wytrawnego białego wina

½ szklanki pokrojonych grzybów shiitake

4 (6 uncji / 170 g) filetów z dorsza

1 łyżeczka soli morskiej

⅛ łyżeczki świeżo zmielonego czarnego pieprzu

Wskazówki:

1. Rozgrzej piekarnik do 375ºF (190ºC).

2. Wymieszaj czosnek, por, korzeń imbiru, wino, oliwę z oliwek i grzyby na patelni do pieczenia i mieszaj, aż grzyby równomiernie się pokryją.

3. Piec w nagrzanym piekarniku przez 10 minut do lekkiego zarumienienia.

4. Wyjmij formę do pieczenia z piekarnika. Rozłóż filety z dorsza na wierzchu i dopraw solą morską i pieprzem.

5. Przykryj folią aluminiową i ponownie włóż do piekarnika. Pieczemy od 5 do 8

minut lub do momentu, aż ryba będzie miękka.

6. Zdejmij folię aluminiową i ostudź przez 5 minut przed podaniem.

Informacje o wartościach odżywczych:kalorie: 166 ; tłuszcz: 6,9 g; białko: 21,2g; węglowodany: 4,8 g; błonnik: 1,0g; cukier: 1,0g; sód: 857 mg

Pieczone białe okonie morskie Porcje: 2

Składniki:

1 łyżeczka. mielony czosnek

Zmielony czarny pieprz

1 łyżka. sok cytrynowy

8 uncji filety z okonia białego

¼ łyżeczki bezsolna ziołowa mieszanka przypraw

Wskazówki:

1. Rozgrzej brojler i umieść ruszt w odległości 4 cali od źródła ciepła.

2. Lekko spryskaj formę do pieczenia sprayem do gotowania. Filety ułożyć na patelni. Filety skropić sokiem z cytryny, czosnkiem, przyprawą ziołową i pieprzem.

3. Smażyć, aż ryba stanie się całkowicie nieprzejrzysta, gdy testuje się ją czubkiem noża, około 8 do 10 minut.

4. Podawaj natychmiast.

Informacje o wartościach odżywczych:Kalorie: 114, Tłuszcz:2 g, Węglowodany:2 g, Białko:21 g, Cukry:0,5 g, Sód:78 mg

Morszczuk z pieczonych pomidorów Porcje: 4-5

Składniki:

½ w. sos pomidorowy

1 łyżka. Oliwa z oliwek

Pietruszka

2 pokrojone pomidory

½ w. startego sera

4 funty morszczuk pozbawiony kości i pokrojony w plastry

Sól.

Wskazówki:

1. Rozgrzej piekarnik do 400 0F.

2. Dopraw rybę solą.

3. Na patelni lub rondlu; Podsmaż rybę na oliwie z oliwek, aż będzie gotowa.

4. Weź cztery foliowe papiery, aby przykryć rybę.

5. Uformuj folię tak, aby przypominała pojemniki; Dodaj sos pomidorowy do każdego pojemnika foliowego.

6. Dodaj rybę, plastry pomidora i posyp startym serem.

7. Piecz, aż uzyskasz złotą skórkę, przez około 20-25

minuty.

8. Otwórz opakowania i posyp natką pietruszki.

<u>Informacje o wartościach odżywczych</u>:Kalorie: 265, Tłuszcz: 15 g, Węglowodany: 18 g, Białko: 22 g, Cukry: 0,5 g, Sód: 94,6 mg

Smażony plamiak z burakami Porcje: 4

Czas gotowania: 30 minut

Składniki:

8 buraków, obranych i pokrojonych w ósemki

2 szalotki, cienko pokrojone

2 łyżki octu jabłkowego

2 łyżki oliwy z oliwek, podzielone

1 łyżeczka posiekanego czosnku z butelki

1 łyżeczka posiekanego świeżego tymianku

szczypta soli morskiej

4 (5 uncji / 142 g) filety z plamiaka, osuszone

Wskazówki:

1. Rozgrzej piekarnik do 400ºF (205ºC).

2. Połącz buraki, szalotki, ocet, 1 łyżkę oliwy z oliwek, czosnek, tymianek i sól morską w średniej misce i dobrze wymieszaj.

Rozłóż mieszankę buraków w naczyniu do pieczenia.

3. Piec w nagrzanym piekarniku przez około 30 minut, obracając raz lub dwa razy szpatułką, aż buraki będą miękkie.

4. W międzyczasie podgrzej pozostałą 1 łyżkę oliwy z oliwek na dużej patelni na średnim ogniu.

5. Dodać plamiaka i smażyć z każdej strony przez 4 do 5 minut lub do momentu, aż miąższ stanie się nieprzejrzysty i łatwo będzie się rozdzielał.

6. Przełóż rybę na talerz i podawaj z pieczonymi burakami.

Informacje o wartościach odżywczych:kalorie: 343 ; tłuszcz: 8,8g; białko: 38,1g; węglowodany: 20,9 g

; błonnik: 4,0g; cukier: 11,5g; sód: 540 mg

Serdeczne Tuńczyk Melt Porcje: 4

Składniki:

3 uncje tarty ser cheddar o obniżonej zawartości tłuszczu

1/3 w. siekany seler

Czarny pieprz i sól

¼ c. posiekana cebula

2 pełnoziarniste angielskie babeczki

6 oz. odsączony biały tuńczyk

¼ c. niskotłuszczowy rosyjski

Wskazówki:

1. Rozgrzej brojler. Połącz tuńczyka, seler, cebulę i sos sałatkowy.

2. Dopraw solą i pieprzem.

3. Podpiecz połówki muffinek angielskich.

4. Ułóż rozdwojoną stroną do góry na blasze do pieczenia i na każdej z nich połóż 1/4 mieszanki tuńczyka.

5. Podsmażaj 2-3 minuty lub do momentu, aż się rozgrzeje.

6. Posyp serem i wróć do opiekacza, aż ser się roztopi, czyli jeszcze około 1 minuty.

<u>Informacje o wartościach odżywczych:</u>Kalorie: 320, Tłuszcz: 16,7 g, Węglowodany: 17,1 g, Białko: 25,7

g, cukry: 5,85 g, sód: 832 mg

Łosoś Cytrynowy Z Limonką Kaffir Porcje: 8

Składniki:

1 poćwiartowana i posiekana łodyga trawy cytrynowej

2 rozdarte liście limonki kaffir

1 cienko pokrojona cytryna

1 ½ c. świeże liście kolendry

1 cały filet z łososia

Wskazówki:

1. Rozgrzej piekarnik do 350°F.

2. Przykryj blachę do pieczenia arkuszami folii tak, aby zachodziły na boki. 3. Ułóż łososia na folii, ułóż na wierzchu cytrynę, liście limonki, trawę cytrynową i 1 szklankę liści kolendry. Opcjonalnie: doprawić solą i pieprzem.

4. Przed złożeniem plomby przesuń dłuższy bok folii do środka.

Zawiń końce, aby zamknąć łososia.

5. Piec przez 30 minut.

6. Przełóż ugotowaną rybę na półmisek. Posyp świeżą kolendrą.

Podawać z białym lub brązowym ryżem.

Informacje o wartościach odżywczych:Kalorie: 103, Tłuszcz: 11,8 g, Węglowodany: 43,5 g, Białko: 18 g, Cukry: 0,7 g, Sód: 322 mg

Delikatny Łosoś W Sosie Musztardowym Porcje: 2

Składniki:

5 łyżek. Mielony koperek

2/3 w. kwaśna śmietana

Pieprz.

2 łyżki. musztarda Dijon

1 łyżeczka. czosnek w proszku

5 uncji filety z łososia

2-3 łyżki. Sok cytrynowy

Wskazówki:

1. Wymieszaj śmietanę, musztardę, sok z cytryny i koperek.

2. Filety doprawiamy pieprzem i czosnkiem w proszku.

3. Łososia ułóż na blasze skórą do dołu i polej przygotowanym sosem musztardowym.

4. Piec przez 20 minut w temperaturze 390°F.

Informacje o wartościach odżywczych:Kalorie: 318, Tłuszcz: 12 g, Węglowodany: 8 g, Białko: 40,9 g, Cukry: 909,4 g, Sód: 1,4 mg

Porcje Sałatki Krabowej: 4

Składniki:

2 w. mięso kraba

1 w. połówki pomidorków koktajlowych

1 łyżka. Oliwa z oliwek

Czarny pieprz

1 posiekana szalotka

1/3 w. posiekana kolendra

1 łyżka. sok cytrynowy

Wskazówki:

1. W misce połącz kraba z pomidorami i pozostałymi składnikami, wymieszaj i podawaj.

<u>Informacje o wartościach odżywczych:</u>Kalorie: 54, Tłuszcz: 3,9 g, Węglowodany: 2,6 g, Białko: 2,3 g, Cukry: 2,3 g, Sód: 462,5 mg

Pieczony Łosoś Z Sosem Miso Porcje: 4

Czas gotowania: 15 do 20 minut

Składniki:

Sos:

¼ szklanki cydru jabłkowego

¼ szklanki białego miso

1 łyżka oliwy z oliwek

1 łyżka białego octu ryżowego

⅛ łyżeczki mielonego imbiru

4 (3 do 4 uncji / 85 do 113 g) filety z łososia bez kości 1 pokrojona szalotka, do dekoracji

⅛ łyżeczki płatków czerwonej papryki, do dekoracji

Wskazówki:

1. Rozgrzej piekarnik do 375ºF (190ºC).

2. Przygotuj sos: W małej misce wymieszaj jabłkowy cydr, białe miso, oliwę z oliwek, ocet ryżowy i imbir. Dodaj trochę wody, jeśli pożądana jest rzadsza konsystencja.

3. Ułóż filety z łososia na blasze do pieczenia skórą do dołu. Tak przygotowanym sosem polać filety, aby równomiernie się pokryły.

4. Piec w nagrzanym piekarniku przez 15 do 20 minut lub do momentu, aż ryba będzie się łatwo rozpadać widelcem.

5. Udekoruj pokrojoną szalotką i płatkami czerwonej papryki i podawaj.

Informacje o wartościach odżywczych:kalorie: 466 ; tłuszcz: 18,4g; białko: 67,5g; węglowodany: 9,1 g

; błonnik: 1,0g; cukier: 2,7 g; sód: 819 mg

Pieczony Dorsz Z Miodem Porcje: 2

Składniki:

6 łyżek. Nadzienie o smaku ziołowym

8 uncji filety z dorsza

2 łyżki. Miód

Wskazówki:

1. Rozgrzej piekarnik do 375 0F.

2. Lekko spryskaj formę do pieczenia sprayem do gotowania.

3. Włóż farsz ziołowy do woreczka i zamknij. Rozgnieć farsz, aż się zrumieni.

4. Posmaruj ryby miodem i pozbądź się pozostałego miodu.

Dodaj jeden filet do woreczka z farszem i delikatnie potrząśnij, aby całkowicie pokryć rybę.

5. Przenieś dorsza na blachę do pieczenia i powtórz proces dla drugiej ryby.

6. Zawiń filety w folię i piecz, aż staną się jędrne i nieprzejrzyste, sprawdzając czubkiem ostrza noża, około dziesięciu minut.

7. Podawaj gorące.

Informacje o wartościach odżywczych:Kalorie: 185, Tłuszcz: 1 g, Węglowodany: 23 g, Białko: 21 g, Cukry: 2 g, Sód: 144,3 mg

Parmezan Mix Dorsz Porcje: 4

Składniki:

1 łyżka. sok cytrynowy

½ w. posiekana zielona cebula

4 filety z dorsza bez kości

3 posiekane ząbki czosnku

1 łyżka. Oliwa z oliwek

½ w. rozdrobniony niskotłuszczowy parmezan

Wskazówki:

1. Rozgrzej patelnię z olejem na średnim ogniu, dodaj czosnek i zieloną cebulę, wymieszaj i smaż przez 5 minut.

2. Dodaj rybę i smaż przez 4 minuty z każdej strony.

3. Dodaj sok z cytryny, posyp parmezanem, gotuj wszystko jeszcze przez 2 minuty, rozłóż na talerzach i podawaj.

Informacje o wartościach odżywczych:Kalorie: 275, Tłuszcz: 22,1 g, Węglowodany: 18,2 g, Białko: 12 g, Cukry: 0,34 g, Sód: 285,4 mg

Chrupiące krewetki czosnkowe Porcje: 4

Czas gotowania: 10 minut

Składniki:

1 funt krewetek, obranych i pozbawionych żyłek

2 łyżeczki czosnku w proszku

pieprz do smaku

¼ szklanki mąki

Spray do gotowania

Wskazówki:

1. Krewetki doprawiamy czosnkiem w proszku i pieprzem.

2. Obtoczyć w mące.

3. Spryskaj kosz frytownicy olejem.

4. Dodaj krewetki do koszyka frytownicy.

5. Gotuj w temperaturze 400 stopni F przez 10 minut, potrząsając raz w połowie.

Kremowa mieszanka okonia morskiego Porcje: 4

Składniki:

1 łyżka. posiekana pietruszka

2 łyżki. olej z awokado

1 w. krem kokosowy

1 łyżka. sok limonkowy

1 posiekana żółta cebula

¼ łyżeczki czarny pieprz

4 filety z okonia morskiego bez kości

Wskazówki:

1. Rozgrzej patelnię z olejem na średnim ogniu, dodaj cebulę, wymieszaj i smaż przez 2 minuty.

2. Dodaj rybę i smaż przez 4 minuty z każdej strony.

3. Dodaj pozostałe składniki, gotuj wszystko jeszcze przez 4 minuty, rozłóż na talerzach i podawaj.

Informacje o wartościach odżywczych: Kalorie: 283, Tłuszcz: 12,3 g, Węglowodany: 12,5 g, Białko: 8 g, Cukry: 6 g, Sód: 508,8 mg

Ogórek Ahi Poke Porcje: 4

Czas gotowania: 0 minut

Składniki:

Ahi Poke:

1 funt (454 g) tuńczyka ahi klasy sushi, pokrojonego w 1-calową kostkę 3 łyżki aminokwasów kokosowych

3 szalotki, cienko pokrojone

1 papryczka serrano, pozbawiona pestek i posiekana (opcjonalnie) 1 łyżeczka oliwy z oliwek

1 łyżeczka octu ryżowego

1 łyżeczka prażonych nasion sezamu

Posiekaj mielony imbir

1 duże awokado, pokrojone w kostkę

1 ogórek pokrojony w plastry o grubości ½ cala Wskazówki:

1. Przygotuj ahi poke: W dużej misce wymieszaj kostki tuńczyka ahi z aminokwasami kokosowymi, cebulą, serrano chile (w razie potrzeby), oliwą z oliwek, octem, nasionami sezamu i imbirem.

2. Przykryj miskę folią i marynuj w lodówce przez 15

minuty.

3. Dodaj pokrojone w kostkę awokado do miski z ahi poke i wymieszaj, aby się połączyło.

4. Ułóż krążki ogórka na talerzu do serwowania. Łyżką ahi nakłuć ogórek i podawać.

Informacje o wartościach odżywczych:kalorie: 213 ; tłuszcz: 15,1g; białko: 10,1g; węglowodany: 10,8 g; błonnik: 4,0g; cukier: 0,6g; sód: 70 mg

Minty Dorsz Mix Porcje: 4

Składniki:

4 filety z dorsza bez kości

½ w. bulion z kurczaka o niskiej zawartości sodu

2 łyżki. Oliwa z oliwek

¼ łyżeczki czarny pieprz

1 łyżka. siekana mięta

1 łyżeczka skórka otarta z cytryny

¼ c. posiekana szalotka

1 łyżka. sok cytrynowy

Wskazówki:

1. Rozgrzej patelnię z olejem na średnim ogniu, dodaj szalotki, wymieszaj i smaż przez 5 minut.

2. Dodać dorsza, sok z cytryny i pozostałe składniki, doprowadzić do wrzenia i gotować na średnim ogniu przez 12 minut.

3. Podziel wszystko na talerze i podawaj.

Informacje o wartościach odżywczych:Kalorie: 160, Tłuszcz: 8,1 g, Węglowodany: 2 g, Białko: 20,5 g, Cukry: 8 g, Sód: 45 mg

Tilapia cytrynowo-kremowa Porcje: 4

Składniki:

2 łyżki. Posiekana świeża kolendra

¼ c. niskotłuszczowy majonez

Świeżo mielony czarny pieprz

¼ c. świeży sok z cytryny

4 filety z tilapii

½ w. tarty niskotłuszczowy parmezan

½ łyżeczki czosnek w proszku

Wskazówki:

1. W misce wymieszaj wszystkie składniki oprócz filetów z tilapii i kolendry.

2. Równomiernie posmaruj filety mieszanką majonezu.

3. Ułóż filety na dużym papierze foliowym. Owiń folię papierową wokół filetów, aby je uszczelnić.

4. Ułóż opakowanie foliowe na dnie dużego wolnowaru.

5. Ustaw wolnowar na niskim poziomie.

6. Przykryj i gotuj przez 3-4 godziny.

7. Podawaj z kolendrą.

Informacje o wartościach odżywczych:Kalorie: 133,6, Tłuszcz: 2,4 g,

Węglowodany: 4,6 g, Białko: 22 g, Cukry: 0,9 g, Sód: 510,4 mg

Rybne tacos Porcje: 4

Czas gotowania: 20 minut

Składniki:

Spray do gotowania

1 łyżka oliwy z oliwek

4 szklanki surówki z kapusty

1 łyżka octu jabłkowego

1 łyżka soku z limonki

Szczypta pieprzu cayenne

pieprz do smaku

2 łyżki mieszanki przypraw do taco

¼ szklanki mąki uniwersalnej

1 funt filetu z dorsza, pokrojony w kostkę

4 tortille kukurydziane

Wskazówki:

1. Rozgrzej frytkownicę do 400 stopni F.

2. Spryskaj kosz frytownicy olejem.

3. W misce wymieszaj oliwę z oliwek, surówkę z kapusty, ocet, sok z limonki, pieprz cayenne i pieprz.

4. W innej misce wymieszaj przyprawę do taco i mąkę.

5. Posmaruj kostki rybne mieszanką przypraw do taco.

6. Dodaj je do kosza frytownicy.

7. Smażyć na powietrzu przez 10 minut, potrząsając w połowie.

8. Tortille kukurydziane posmarować mieszanką ryb i surówek z kapusty i zwinąć.

Mieszanka imbirowego okonia morskiego

Porcje: 4

Składniki:

4 filety z okonia morskiego bez kości

2 łyżki. Oliwa z oliwek

1 łyżeczka. tarty imbir

1 łyżka. posiekana kolendra

Czarny pieprz

1 łyżka. ocet balsamiczny

Wskazówki:

1. Rozgrzej patelnię z olejem na średnim ogniu, włóż rybę i smaż po 5 minut z każdej strony.

2. Dodaj pozostałe składniki, gotuj wszystko jeszcze przez 5 minut, rozłóż wszystko na talerzach i podawaj.

Informacje o wartościach odżywczych:Kalorie: 267, Tłuszcz: 11,2 g, Węglowodany: 1,5 g, Białko: 23 g, Cukry: 0,78 g, Sód: 321,2 mg

Porcje krewetek kokosowych: 4

Czas gotowania: 6 minut

Składniki:

2 jajka

1 szklanka niesłodzonego suszonego kokosa

¼ szklanki mąki kokosowej

¼ łyżeczki papryki

Odrobina pieprzu cayenne

½ łyżeczki soli morskiej

Drob świeżo zmielony czarny pieprz

¼ szklanki oleju kokosowego

1 funt (454 g) surowych krewetek, obranych, pozbawionych żyłek i osuszonychWskazówki:

1. Ubij jajka w małej, płytkiej misce, aż się spienią. Odłożyć na bok.

2. W osobnej misce wymieszaj kokos, mąkę kokosową, paprykę, pieprz cayenne, sól morską i czarny pieprz i mieszaj, aż składniki się dobrze połączą.

3. Zanurz krewetki w ubitych jajkach, a następnie obtocz krewetki w mieszance kokosowej. Strząśnij nadmiar.

4. Rozgrzej olej kokosowy na dużej patelni na średnim ogniu.

5. Dodaj krewetki i gotuj przez 3 do 6 minut, od czasu do czasu mieszając, aż miąższ będzie całkowicie różowy i nieprzejrzysty.

6. Przenieś ugotowane krewetki na talerz wyłożony ręcznikami papierowymi do odsączenia. Podawaj na ciepło.

<u>Informacje o wartościach odżywczych:</u>kalorie: 278 ; tłuszcz: 1,9g; białko: 19,2g; węglowodany: 5,8g; błonnik: 3,1g; cukier: 2,3g; sód: 556 mg

Wieprzowina Z Gałką Muszkatołową Porcje: 4

Czas gotowania: 35 minut

Składniki:

1-funtowy gulasz wieprzowy, pokrojony w kostkę

1 dynia piżmowa, obrana i pokrojona w kostkę

1 żółta cebula, posiekana

2 łyżki oliwy z oliwek

2 ząbki czosnku, posiekane

½ łyżeczki garam masali

½ łyżeczki gałki muszkatołowej, mielonej

1 łyżeczka płatków chili, pokruszonych

1 łyżka octu balsamicznego

Szczypta soli morskiej i czarnego pieprzu

Wskazówki:

1. Rozgrzej patelnię z olejem na średnim ogniu, dodaj cebulę i czosnek i smaż przez 5 minut.

2. Dodaj mięso i smaż przez kolejne 5 minut.

3. Dodaj pozostałe składniki, wymieszaj, gotuj na średnim ogniu przez 25 minut, rozłóż na talerzach i podawaj.

Informacje o wartościach odżywczych:kalorie 348, tłuszcz 18,2, błonnik 2,1, węglowodany 11,4, białko 34,3

Suflet Cheddar I Szczypiorek Porcje: 8

Czas gotowania: 25 minut

Składniki:

½ szklanki mąki migdałowej

¼ szklanki posiekanego szczypiorku

1 łyżeczka soli

½ łyżeczki gumy ksantanowej

1 łyżeczka mielonej musztardy

¼ łyżeczki pieprzu cayenne

½ łyżeczki mielonego czarnego pieprzu

¾ szklanki gęstej śmietany

2 szklanki startego sera cheddar

½ szklanki proszku do pieczenia

6 ekologicznych jaj, oddzielone

Wskazówki:

1. Włącz piekarnik, a następnie ustaw jego temperaturę na 350°F i pozwól mu się rozgrzać.

2. Weź średnią miskę, dodaj do niej mąkę, dodaj pozostałe składniki, z wyjątkiem proszku do pieczenia i jajek, i wymieszaj do połączenia.

3. Oddziel żółtka i białka jaj do dwóch misek, dodaj żółtka do mąki i mieszaj, aż składniki się połączą.

4. Dodaj proszek do pieczenia do białek jaj i ubij mikserem elektrycznym, aż utworzą się sztywne szczyty, a następnie wymieszaj białka z mąką, aż dobrze się połączą.

5. Podziel ciasto równo pomiędzy osiem kokilek i piecz przez 25 minut, aż będzie gotowe.

6. Podawaj od razu lub przechowuj w lodówce do czasu spożycia.

Informacje o wartościach odżywczych:Kalorie 288, Tłuszcz ogółem 21 g, Węglowodany ogółem 3 g, Białko 14 g

Naleśniki Gryczane Z Waniliowym Mlekiem Migdałowym Porcje: 1

Składniki:

½ w. niesłodzone mleko migdałowe waniliowe

2-4 opakowania naturalnego słodzika

1/8 łyżeczki sól

½ szklanki mąki gryczanej

½ łyżeczki proszek do pieczenia o podwójnym działaniu

Wskazówki:

1. Przygotuj nieprzywierającą patelnię do naleśników i spryskaj ją sprayem do gotowania, umieść na średnim ogniu.

2. Wymieszaj mąkę gryczaną, sól, proszek do pieczenia i stewię w małej misce, a następnie wymieszaj z mlekiem migdałowym.

3. Nabierać dużą łyżką ciasta na patelnię i smażyć, aż na powierzchni przestaną pojawiać się bąbelki, a cała powierzchnia będzie wyglądać na suchą i (2-4 minuty). Odwróć i smaż przez kolejne 2-4 minuty. Powtórz z całym pozostałym ciastem.

Informacje o wartościach odżywczych:Kalorie: 240, Tłuszcz: 4,5 g, Węglowodany: 2 g, Białko: 11 g, Cukry: 17 g, Sód: 67 mg

Kieliszki do jajek ze szpinakiem i fetą Porcje: 3

Czas gotowania: 25 minut

Składniki:

Jaja duże – 6

Czarny pieprz, mielony – 0,125 łyżeczki

Cebula w proszku – 0,25 łyżeczki

Czosnek w proszku – 0,25 łyżeczki

Ser feta – 0,33 szklanki

Szpinak baby – 1,5 szklanki

Sól morska – 0,25 łyżeczki

Wskazówki:

1. Rozgrzej piekarnik do 350 stopni Fahrenheita, ustaw ruszt na środku piekarnika i natłuść foremkę na muffiny.

2. Rozłóż szpinak baby i ser feta na dnie dwunastu foremek na muffiny.

3. W misce ubij razem jajka, sól morską, czosnek w proszku, cebulę w proszku i czarny pieprz, aż białko jaja całkowicie rozpadnie się na żółtko. Wlej jajko do szpinaku i sera w foremkach na muffiny, wypełniając miseczki

do trzech czwartych wysokości. Umieść blachę do pieczenia w piekarniku, aż jajka będą całkowicie ugotowane, około osiemnastu do dwudziestu minut.

4. Wyjmij pucharki ze szpinakiem i jajkiem feta z piekarnika i podawaj na ciepło lub pozwól jajom całkowicie ostygnąć w temperaturze pokojowej przed schłodzeniem.

Śniadanie Frittata Porcje: 2

Czas gotowania: 20 minut

Składniki:

1 cebula, posiekana

2 łyżki czerwonej papryki, posiekanej

¼ funta śniadaniowej kiełbasy z indyka, ugotowanej i pokruszonej 3 jajka, ubite

Szczypta pieprzu cayenne

Wskazówki:

1. Wymieszaj wszystkie składniki w misce.

2. Wlej do małej formy do pieczenia.

3. Włóż blachę do pieczenia do kosza frytownicy.

4. Gotuj we frytkownicy przez 20 minut.

Miska burrito z kurczakiem i komosą ryżową

Porcje: 6

Czas gotowania: 5 godzin

Składniki:

1 funt uda z kurczaka (bez skóry, bez kości)

1 szklanka bulionu z kurczaka

1 puszka pomidorów pokrojonych w kostkę (14,5 uncji)

1 cebula (posiekana)

3 ząbki czosnku (posiekane)

2 łyżeczki chili w proszku

½ łyżeczki kolendry

½ łyżeczki czosnku w proszku

1 papryka (drobno posiekana)

15 uncji fasoli pinto (odsączonej)

1 ½ szklanki sera cheddar (startego)

Wskazówki:

1. Połącz kurczaka, pomidory, bulion, cebulę, czosnek, chili w proszku, czosnek w proszku, kolendrę i sól. Ustaw kuchenkę na małym ogniu.

2. Wyjąć kurczaka i rozdrobnić widelcem i nożem na kawałki.

3. Włóż kurczaka z powrotem do wolnowaru i dodaj komosę ryżową i fasolę pinto.

4. Ustaw kuchenkę na małym ogniu na 2 godziny.

5. Dodaj ser na wierzch i kontynuuj gotowanie i delikatnie mieszaj, aż ser się rozpuści.

6. Serwuj.

<u>Informacje o wartościach odżywczych:</u>Kalorie 144 mg Tłuszcz ogółem: 39 g Węglowodany: 68 g Białko: 59 g Cukier: 8 g Błonnik: 17 g Sód: 756 mg Cholesterol: 144 mg

Tosty Avo Z Jajkiem Porcje: 3

Czas gotowania: 0 minut

Składniki:

1½ łyżeczki ghee

Chleb 1 kromkowy, bezglutenowy i tostowy

½ awokado, cienko pokrojone

Garść szpinaku

1 jajko na twardo lub w koszulce

Odrobina płatków czerwonej papryki

Wskazówki:

1. Rozsmaruj ghee na opiekanym chlebie. Na wierzchu ułóż plastry awokado i liście szpinaku. Na wierzchu ułożyć jajecznicę lub jajko w koszulce. Wykończ dekorację posypując płatkami czerwonej papryki.

Informacje o wartościach odżywczych:Kalorie 540 Tłuszcz: 18 g Białko: 27 g Sód: 25 mg Węglowodany ogółem: 73,5 g Błonnik pokarmowy: 6 g

Owsianka Migdałowa Porcje: 2

Czas gotowania: 0 minut

Składniki:

1 szklanka staromodnego owsa

½ szklanki mleka kokosowego

1 łyżka syropu klonowego

¼ szklanki jagód

3 łyżki posiekanych migdałów

Wskazówki:

1. W misce wymieszaj płatki owsiane z mlekiem kokosowym, syropem klonowym i migdałami. Przykryj i pozostaw na noc. Podawać następnego dnia.

2. Ciesz się!

<u>Informacje o wartościach odżywczych:</u>kalorie 255, tłuszcz 9, błonnik 6, węglowodany 39, białko 7

Naleśniki Choco-nana Porcje: 2

Czas gotowania: 6 minut

Składniki:

2 duże banany, obrane i rozgniecione

2 duże jajka, odchowane na pastwisku

3 łyżki kakao w proszku

2 łyżki masła migdałowego

1 łyżeczka czystego ekstraktu waniliowego

1/8 łyżeczki soli

Olej kokosowy do posmarowania

Wskazówki:

1. Rozgrzej patelnię na średnim ogniu i posmaruj ją olejem kokosowym.

2. Umieść wszystkie składniki w robocie kuchennym i zmiksuj na gładko.

3. Wlać ciasto (około ¼ szklanki) na patelnię i uformować naleśnik.

4. Smaż przez 3 minuty z każdej strony.

Informacje o wartościach odżywczych:Kalorie 303 Tłuszcze ogółem 17 g

Tłuszcze nasycone 4 g Węglowodany ogółem 36 g Węglowodany netto 29 g

Białko 5 g Cukier: 15 g Błonnik: 5 g Sód: 108 mg Potas 549 mg

Batony owsiane ze słodkich ziemniaków Porcje: 6

Czas gotowania: 35 minut

Składniki:

Słodkie ziemniaki, gotowane, puree – 1 szklanka

Mleko migdałowe, niesłodzone – 0,75 szklanki

Jajko – 1

Pasta daktylowa – 1,5 łyżki

Ekstrakt waniliowy – 1,5 łyżeczki

Soda oczyszczona – 1 łyżeczka

Cynamon mielony – 1 łyżeczka

Goździki, mielone – 0,25 łyżeczki

Gałka muszkatołowa, mielona – 0,5 łyżeczki

Imbir, mielony – 0,5 łyżeczki

Siemię lniane, mielone – 2 łyżki

Białko w proszku – 1 porcja

Mąka kokosowa – 0,25 szklanki

Mąka owsiana – 1 szklanka

Suszony kokos, niesłodzony – 0,25 szklanki

Posiekane orzechy pekan – 0,25 szklanki

Wskazówki:

1. Rozgrzej piekarnik do 375 stopni Fahrenheita i wyłóż kwadratowe naczynie do pieczenia o wymiarach osiem na osiem cali pergaminem kuchennym. Chcesz zostawić papier pergaminowy zwisający z boków patelni do podnoszenia po zakończeniu pieczenia.

2. Do blendera stojącego dodaj wszystkie składniki batatów owsianych z wyjątkiem suszonego kokosa i posiekanych orzechów pekan.

Pozwól mieszance pulsować przez kilka chwil, aż mieszanina będzie gładka, a następnie zatrzymaj blender. Może być konieczne zeskrobanie boków blendera w dół, a następnie ponowne zmiksowanie.

3. Wlej kokos i orzechy pekan do ciasta, a następnie wymieszaj szpatułką. Nie mieszaj ponownie mieszanki, ponieważ nie chcesz, aby te kawałki były mieszane. Wlej mieszankę batonów owsianych ze słodkich ziemniaków na przygotowaną patelnię i rozprowadź ją.

4. Umieść batonik owsiany na środku piekarnika i pozwól mu się upiec, aż batoniki się zetną, około dwudziestu dwóch

do dwudziestu pięciu minut. Wyjmij patelnię z piekarnika. Ustaw drucianą kratkę chłodzącą obok naczynia do pieczenia, a następnie delikatnie podnieś pergamin kuchenny za występ i ostrożnie podnieś go z naczynia i połóż na ruszcie, aby ostygł. Pozwól batonikom owsianym całkowicie ostygnąć przed pokrojeniem.

Łatwe w przygotowaniu placki ziemniaczane

Porcje: 3

Czas gotowania: 35 minut

Składniki:

Rozdrobnione placki ziemniaczane, zamrożone – 1 funt

Jajka – 2

Sól morska – 0,5 łyżeczki

Czosnek w proszku – 0,5 łyżeczki

Cebula w proszku – 0,5 łyżeczki

Czarny pieprz, mielony – 0,125 łyżeczki

Oliwa z oliwek extra vergine – 1 łyżka

Wskazówki:

1. Zacznij od rozgrzania gofrownicy.

2. W misce kuchennej ubij jajka, aby je rozbić, a następnie dodaj pozostałe składniki. Złóż je wszystkie razem, aż ziemniak będzie równomiernie pokryty jajkiem i przyprawami.

3. Nasmaruj gofrownicę i rozsmaruj na niej jedną trzecią mieszanki cebuli. Zamknij i pozwól ziemniakom gotować się w środku, aż będą złocistobrązowe, około dwunastu do piętnastu minut. Po ostygnięciu delikatnie usuń cebulkę za pomocą widelca, a następnie kontynuuj gotowanie kolejnej jednej trzeciej mieszanki, a następnie ostatniej trzeciej.

4. Ugotowane placki ziemniaczane możesz przechowywać w lodówce, a następnie odgrzać je w gofrownicy lub w piekarniku, aby później znów były chrupiące.

Frittata ze szparagami i grzybami Porcje: 1

Czas gotowania:

Składniki:

Jajka – 2

Łodygi szparagów – 5

Woda – 1 łyżka

Oliwa z oliwek extra vergine – 1 łyżka

Pieczarki pokrojone w plasterki – 3

Sól morska – szczypta

Posiekana zielona cebula – 1

Ser kozi półmiękki – 2 łyżki

Wskazówki:

1. Podczas przygotowywania frittaty rozgrzej piekarnik do poziomu brojlerów. Przygotuj warzywa, odrzucając twardą końcówkę włóczni szparagów, a następnie pokrój włócznie na kawałki wielkości kęsa.

2. Nasmaruj od siedmiu do ośmiu cali bezpieczną patelnię do piekarnika i umieść ją na średnim ogniu. Dodaj grzyby i smaż je przez dwie minuty, po

czym dodaj szparagi i gotuj przez kolejne dwie minuty. Po zakończeniu smażenia równomiernie rozłóż warzywa na dnie patelni.

3. W małym kuchennym naczyniu wymieszaj jajka, wodę i sól morską, a następnie zalej nimi smażone warzywa. Wierzch frittaty posyp posiekaną zieloną cebulą i pokruszonym kozim serem.

4. Pozwól, aby patelnia nadal gotowała się na kuchence w ten sposób bez przeszkadzania, aż jajecznica z frittaty zacznie osadzać się na brzegach i odchodzić od ścianek patelni. Ostrożnie podnieś patelnię i obracaj ją delikatnymi okrężnymi ruchami, aby jajko równomiernie się ugotowało.

5. Przenieś frittatę do piekarnika i gotuj pod bojlerem, aż jajko będzie całkowicie ugotowane, czyli kolejne dwie do trzech minut. Uważnie obserwuj jajko do swojej frittaty, aby się nie rozgotowało. Zaraz po upieczeniu wyjmij frittatę z piekarnika, przełóż frittatę na talerz i ciesz się, gdy jest gorąca.

Zapiekanka z tostami francuskimi w powolnej kuchence Porcje: 9

Czas gotowania: 4 godziny

Składniki:

2 jajka

2 białka jaj

1 ½ mleka migdałowego lub 1% mleka

2 łyżki surowego miodu

1/2 łyżeczki cynamonu

1 łyżeczka ekstraktu waniliowego

9 kromek chleba

Do wypełnienia:

3 szklanki jabłek (pokrojonych w kostkę)

2 łyżki surowego miodu

1 łyżka soku z cytryny

1/2 łyżeczki cynamonu

1/3 szklanki pekanów

Wskazówki:

1. Włóż sześć pierwszych składników do miski i wymieszaj.

2. Nasmaruj wolnowar za pomocą nieprzywierającego sprayu do gotowania.

3. Połącz wszystkie składniki nadzienia w małej misce i odstaw. Kawałki jabłek dokładnie obtoczyć w nadzieniu.

4. Kromki chleba przekrój na pół (trójkąt), następnie ułóż na spodzie trzy plasterki jabłka i opiłuj. Kromki chleba układamy warstwami i nadziewamy według tego samego wzoru.

5. Ułóż ciasto jajeczne na warstwach chleba i farszu.

6. Ustaw szybkowar na dużym ogniu na 2 ½ godziny lub na małym ogniu na 4 godziny.

Informacje o wartościach odżywczych: Kalorie 227 Tłuszcz ogółem: 7 g Węglowodany: 34 g Białko: 9 g Cukier: 19 g Błonnik: 4 g Sód: 187 mg

Indyk z kiełbasą z tymianku i szałwii Porcje: 4

Czas gotowania: 25 minut

Składniki:

1 funt mielonego indyka

½ łyżeczki cynamonu

½ łyżeczki czosnku w proszku

1 łyżeczka świeżego rozmarynu

1 łyżeczka świeżego tymianku

1 łyżeczka soli morskiej

2 łyżeczki świeżej szałwii

2 łyżki oleju kokosowego

Wskazówki:

1. Wymieszaj wszystkie składniki, z wyjątkiem oleju, w misce.

Wstawić do lodówki na noc lub na 30 minut.

2. Wlej olej do mieszanki. Z powstałej masy uformować cztery placki.

3. Na lekko natłuszczonej patelni ustawionej na średnim ogniu smaż kotlety po 5 minut z każdej strony, aż ich środkowa część nie będzie już różowa. Możesz je również ugotować, piecząc w piekarniku przez 25

minuty w temperaturze 400°F.

<u>Informacje o wartościach odżywczych:</u>Kalorie 284 Tłuszcz: 9,4 g Białko: 14,2 g Sód: 290 mg Węglowodany ogółem: 36,9 g Błonnik pokarmowy: 0,7 g

Koktajl Wiśniowo-Szpinakowy Porcje: 1

Czas gotowania: 0 minut

Składniki:

1 szklanka zwykłego kefiru

1 szklanka mrożonych wiśni, bez pestek

½ szklanki liści szpinaku baby

¼ szklanki rozgniecionego dojrzałego awokado

1 łyżka masła migdałowego

1 kawałek obranego imbiru (1/2 cala)

1 łyżeczka nasion chia

Wskazówki:

1. Umieść wszystkie składniki w blenderze. Pulsuj, aż będzie gładkie.

2. Pozwól schłodzić się w lodówce przed podaniem.

Informacje o wartościach odżywczych:Kalorie 410 Tłuszcz ogółem 20 g Węglowodany ogółem 47 g Węglowodany netto 37 g Białko 17 g Cukier 33 g Błonnik: 10 g Sód: 169 mg

Ziemniaki śniadaniowe Porcje: 2

Czas gotowania: 15 minut

Składniki:

5 ziemniaków pokrojonych w kostkę

1 łyżka oleju

½ łyżeczki czosnku w proszku

¼ łyżeczki pieprzu

½ łyżeczki wędzonej papryki

Wskazówki:

1. Rozgrzej frytkownicę w temperaturze 400 stopni F przez 5 minut.

2. Wrzuć ziemniaki do oleju.

3. Dopraw czosnkiem w proszku, pieprzem i papryką.

4. Dodaj ziemniaki do kosza frytownicy.

5. Gotuj we frytkownicy przez 15 minut.

Błyskawiczne płatki owsiane z bananami

Porcje: 1

Składniki:

1 rozgnieciony dojrzały banan

½ w. woda

½ w. szybka owsianka

Wskazówki:

1. Odmierz płatki owsiane i wodę do miski przeznaczonej do użytku w kuchence mikrofalowej i wymieszaj, aby połączyć.

2. Umieść miskę w kuchence mikrofalowej i podgrzewaj na wysokim poziomie przez 2 minuty.

3. Wyjmij miskę z kuchenki mikrofalowej, dodaj rozgniecionego banana i ciesz się smakiem.

Informacje o wartościach odżywczych:Kalorie: 243, Tłuszcz: 3 g, Węglowodany: 50 g, Białko: 6 g, Cukry: 20 g, Sód: 30 mg

Koktajl migdałowo-bananowy Porcje: 1

Składniki:

1 łyżka. masło migdałowe

½ w. kostki lodu

½ w. pakowany szpinak

1 obrany i zamrożony średni banan

1 w. mleko beztłuszczowe

Wskazówki:

1. W mocnym blenderze zmiksuj wszystkie składniki na gładką i kremową konsystencję.

2. Podawaj i ciesz się.

<u>Informacje o wartościach odżywczych:</u>Kalorie: 293, Tłuszcz: 9,8 g, Węglowodany: 42,5 g, Białko: 13,5

g, cukry: 12 g, sód: 111 mg

Batony energetyczne z czekoladą i chia bez pieczenia Porcje: 14

Czas gotowania: 0 minut

Składniki:

Pakowane po 1 ½ szklanki, daktyle bez pestek

1/szklanka niesłodzonych wiórków kokosowych

1 szklanka surowych kawałków orzecha włoskiego

1/4 szklanki (35 g) naturalnego kakao w proszku

1/2 szklanki (75 g) całych nasion chia

1/2 szklanki (70 g) posiekanej gorzkiej czekolady

1/2 szklanki (50 g) płatków owsianych

1 łyżeczka czystego ekstraktu waniliowego, opcjonalnie, wzmacnia smak 1/4 łyżeczki nierafinowanej soli morskiej

Wskazówki:

1. Zmiksuj daktyle w blenderze, aż powstanie gęsta pasta.

2. Dodaj orzechy włoskie i wymieszaj.

3. Włożyć resztę zaprawy i mieszać do uzyskania gęstego ciasta.

4. Wyłóż prostokątną blachę wyłożoną pergaminem. Umieść mieszaninę ciasno na patelni i umieść prosto we wszystkich rogach.

5. Wstaw do zamrażarki na co najmniej kilka godzin do północy.

6. Podnieś z patelni i pokrój na 14 pasków.

7. Umieść w lodówce lub hermetycznym pojemniku.

<u>Informacje o wartościach odżywczych:</u>Cukier 17 g Tłuszcz: 12 g Kalorie: 234 Węglowodany: 28 g Białko: 4,5 g

Owocowa miska śniadaniowa z siemienia lnianego Porcje: 1

Czas gotowania: 5 minut

Składniki:

Na owsiankę:

¼ szklanki siemienia lnianego, świeżo zmielonego

¼ łyżeczki cynamonu, mielonego

1 szklanka mleka migdałowego lub kokosowego

1 średni banan, rozgnieciony

Szczypta drobnoziarnistej soli morskiej

Na polewy:

Jagody, świeże lub rozmrożone

Orzechy włoskie, posiekane na surowo

Czysty syrop klonowy (opcjonalnie)

Wskazówki:

1. W średniej wielkości rondelku ustawionym na średnim ogniu łączymy wszystkie składniki owsianki. Stale mieszaj przez 5 minut lub do momentu, aż owsianka zgęstnieje i zagotuje się.

2. Przenieś ugotowaną owsiankę do miski. Udekoruj dodatkami i polej odrobiną syropu klonowego, jeśli chcesz, aby było trochę słodsze.

Informacje o wartościach odżywczych:Kalorie 780 Tłuszcz: 26 g Białko: 39 g Sód: 270 mg Węglowodany ogółem: 117,5 g

Śniadaniowa owsianka w powolnej kuchence

Porcje: 8

Składniki:

4 w. mleko migdałowe

2 opakowania stewii

2 w. owies pokrojony w stal

1/3 w. posiekane suszone morele

4 w. woda

1/3 w. suszone wiśnie

1 łyżeczka. cynamon

1/3 w. rodzynki

Wskazówki:

1. W wolnej kuchence dobrze wymieszaj wszystkie składniki.

2. Przykryj i ustaw na niskie.

3. Gotuj przez 8 godzin.

4. Możesz to ustawić poprzedniej nocy, aby rano mieć gotowe śniadanie.

<u>Informacje o wartościach odżywczych:</u>Kalorie: 158,5, Tłuszcz: 2,9 g, Węglowodany: 28,3 g, Białko: 4,8

g, cukry: 11 g, sód: 135 mg

Pieczywo Pumpernikiel Porcje: 12

Czas gotowania: 2 godziny, 30 minut

Składniki:

Mąka Pumpernikiel – 3 szklanki

Mąka pełnoziarnista – 1 szklanka

Mąka kukurydziana – 0,5 szklanki

Kakao w proszku – 1 łyżka

Drożdże suszone aktywne – 1 łyżka

Nasiona kminku – 2 łyżeczki

Sól morska – 1,5 łyżeczki

Woda, ciepła – 1,5 szklanki, podzielona

Pasta daktylowa – 0,25 szklanki, podzielona

Olej z awokado – 1 łyżka

Słodkie ziemniaki, puree – 1 szklanka

Mycie jajek – 1 białko + 1 łyżka wody

Wskazówki:

1. Przygotuj formę do pieczenia chleba o wymiarach dziewięć na pięć cali, wykładając ją pergaminem kuchennym, a następnie lekko natłuszczając.

2. W rondlu połącz jedną szklankę wody z mąką kukurydzianą, aż będzie gorąca i gęsta, około pięciu minut. Pamiętaj, aby kontynuować mieszanie, gdy się nagrzewa, aby uniknąć grudek. Gdy masa zgęstnieje, zdejmij patelnię z ognia i wymieszaj pastę daktylową, kakao w proszku, kminek i olej z awokado. Odstaw patelnię na bok, aż zawartość ostygnie do letniej temperatury.

3. Dodaj pozostałe pół szklanki ciepłej wody do dużego kuchennego naczynia do mieszania razem z drożdżami, mieszając aż drożdże się rozpuszczą. Pozwól tej mieszance na chleb z pumpernikla usiąść przez około dziesięć minut, aż zakwitnie i utworzy spuchnięte bąbelki.

Najlepiej robić to w ciepłym miejscu.

4. Gdy drożdże zakwitną, dodaj letnią mieszaninę mąki kukurydzianej z wodą do naczynia do mieszania wraz z puree ze słodkich ziemniaków.

Gdy płyny i ziemniaki się połączą, wymieszaj mąkę pełnoziarnistą i pumpernikiel. Ugniataj mieszaninę przez dziesięć minut, najlepiej mikserem stojącym i hakiem do ciasta. Ciasto jest gotowe

kiedy tworzy spójną, gładką kulę i odsuwa się od brzegów naczynia do miksowania.

5. Zdejmij hak do wyrabiania ciasta i przykryj naczynie do mieszania plastikiem kuchennym lub czystym, wilgotnym ręcznikiem kuchennym. Umieść kuchenne naczynie do mieszania w ciepłym miejscu do wyrośnięcia, aż ciasto podwoi swoją objętość – około godziny.

6. Rozgrzej piekarnik do 375 stopni Fahrenheita, przygotowując bochenek chleba.

7. Uformuj z ciasta ładny kształt kłody i umieść w przygotowanej brytfance. Ubij razem jajko do mycia, a następnie użyj pędzla do ciasta, aby delikatnie posmarować nim górę przygotowanego bochenka. W razie potrzeby użyj ostrego noża, aby naciąć bochenek, aby uzyskać dekoracyjny wzór.

8. Umieść bochenek na środku gorącego piekarnika i pozwól mu się piec, aż nabierze wspaniałego ciemnego koloru, a pukanie w niego wyda głuchy dźwięk — około godziny. Wyjmij bochenek chleba pumpernikiel z piekarnika i pozwól mu ostygnąć na blasze przez pięć minut, a następnie wyjmij chleb z dyni i przenieś go na metalową kratkę, aby kontynuować chłodzenie. Nie kroić bochenka, dopóki nie ostygnie.

Kokosowo-malinowy budyń chia Porcje: 4

Czas gotowania: 0 minut

Składniki:

¼ szklanki nasion chia

½ łyżki stewii

1 szklanka mleka kokosowego, niesłodzonego, pełnotłustego

2 łyżki migdałów

¼ szklanki malin

Wskazówki:

1. Weź dużą miskę, dodaj do niej nasiona chia wraz ze stewią i mlekiem kokosowym, wymieszaj i wstaw do lodówki na noc, aż zgęstnieje.

2. Wyjmij budyń z lodówki, posyp migdałami i jagodami i podawaj.

Informacje o wartościach odżywczych:Kalorie 158, tłuszcz ogółem 14,1 g, węglowodany ogółem 6,5 g, białko 2 g, cukier 3,6 g, sód 16 mg

Sałatka na weekendowe śniadanie Porcje: 4

Czas gotowania: 0 minut

Składniki:

Jajka, cztery na twardo

Cytryna, jeden

Rukola, dziesięć filiżanek

Quinoa, jedna filiżanka ugotowana i schłodzona

Oliwa z oliwek, dwie łyżki stołowe

Koper, posiekany, pół szklanki

Migdały, posiekane, jedna filiżanka

Awokado, jedno duże, pokrojone w cienkie plasterki

Ogórek, posiekany, pół szklanki

Pomidor, jeden duży pokrojony w kliny

Wskazówki:

1. Wymieszaj komosę ryżową, ogórek, pomidory i rukolę. Lekko wymieszaj te składniki z oliwą z oliwek, solą i pieprzem. Przełóż i ułóż jajko i awokado na wierzchu. Każdą sałatkę posyp migdałami i ziołami. Skropić sokiem z cytryny.

Informacje o wartościach odżywczych:Kalorie 336 tłuszcz 7,7 g białko 12,3 g węglowodany 54,6 g cukier 5,5 g błonnik 5,2 g

Przepyszny Cheesy Wegetariański Ryż Z Brokułami I Kalafiorem

Porcje: 2

Czas gotowania: 7 minut

Składniki:

½ szklanki różyczek brokułów, ryżowych

1 ½ szklanki różyczek kalafiora, zmielonych

¼ łyżeczki czosnku w proszku

¼ łyżeczki soli

¼ łyżeczki mielonego czarnego pieprzu

1/8 łyżeczki mielonej gałki muszkatołowej

½ łyżki niesolonego masła

1/8 szklanki serka mascarpone

¼ szklanki rozdrobnionego ostrego sera cheddar

Wskazówki:

1. Weź średnią żaroodporną miskę, dodaj do niej wszystkie składniki oprócz mascarpone i sera cheddar i mieszaj, aż się połączą.

2. Umieść miskę w kuchence mikrofalowej, ustaw wysoką temperaturę na 5 minut, następnie dodaj ser i kontynuuj gotowanie przez 2 minuty.

3. Dodaj serek mascarpone do miski, mieszaj aż do uzyskania kremowej konsystencji i natychmiast podawaj.

Informacje o wartościach odżywczych:Kalorie 138, tłuszcz ogółem 9,8 g, węglowodany ogółem 6,6 g, białko 7,5 g, cukier 2,4 g, sód 442 mg

Tosty Śródziemnomorskie Porcje: 2

Składniki:

1 ½ łyżeczki pokruszona feta o obniżonej zawartości tłuszczu

3 pokrojone greckie oliwki

¼ rozgniecionego awokado

1 kromka dobrego chleba pełnoziarnistego

1 łyżka. hummus z pieczonej czerwonej papryki

3 pokrojone pomidorki koktajlowe

1 pokrojone jajko na twardo

Wskazówki:

1. Najpierw podpiecz chleb i posyp ¼ rozgniecionego awokado i 1 łyżka hummusu.

2. Dodaj pomidorki koktajlowe, oliwki, jajko na twardo i fetę.

3. Do smaku doprawić solą i pieprzem.

Informacje o wartościach odżywczych:Kalorie: 333,7, Tłuszcz: 17 g, Węglowodany: 33,3 g, Białko: 16,3

g, cukry: 1 g, sód: 700 mg

Sałatka śniadaniowa ze słodkich ziemniaków

Porcje: 2

Czas gotowania: 0 minut

Składniki:

1 miarka białka w proszku

¼ szklanki jagód

¼ szklanki malin

1 banan, obrany

1 słodki ziemniak, upieczony, obrany i pokrojony w kostkę

Wskazówki:

1. Włóż ziemniaka do miski i rozgnieć widelcem. Dodaj banana i białko w proszku i wszystko dobrze wymieszaj. Dodaj jagody, wymieszaj i podawaj na zimno.

2. Ciesz się!

<u>Informacje o wartościach odżywczych:</u>kalorie 181, tłuszcz 1, błonnik 6, węglowodany 8, białko 11

Faux Breakfast Hash Brown Filiżanki Porcje: 8

Składniki:

40 g pokrojonej w kostkę cebuli

8 dużych jaj

7 ½ g czosnku w proszku

2 ½ g pieprzu

170 g tartego niskotłuszczowego sera

170 g startego słodkiego ziemniaka

2 ½ g soli

Wskazówki:

1. Rozgrzej piekarnik do 400 0F i przygotuj formę na muffiny z wkładkami.

2. Umieść starte słodkie ziemniaki, cebulę, czosnek i przyprawy w misce i dobrze wymieszaj, zanim włożysz po jednej łyżce do każdej filiżanki. Dodaj jedno duże jajko na każdą filiżankę i kontynuuj pieczenie przez 15 minut, aż jajka się zetną.

3. Podawaj świeże lub przechowuj.

Informacje o wartościach odżywczych: Kalorie: 143, Tłuszcz: 9,1 g, Węglowodany: 6 g, Białko: 9 g, Cukry: 0 g, Sód: 290 mg

Omlet ze szpinakiem i grzybami Porcje: 2

Składniki:

2 łyżki. Oliwa z oliwek

2 całe jajka

3 w. szpinak, świeży

Spray do gotowania

10 pokrojonych w plasterki młodych pieczarek Bella

8 łyżek. Pokrojona czerwona cebula

4 białka jaj

2 uncje. kozi ser

Wskazówki:

1. Umieść patelnię na średnim ogniu i dodaj oliwę.

2. Dodaj pokrojoną czerwoną cebulę na patelnię i mieszaj, aż się zeszkli.

Następnie dodaj grzyby na patelnię i mieszaj, aż lekko się zarumienią.

3. Dodaj szpinak i mieszaj, aż zwiędnie. Doprawiamy odrobiną pieprzu i soli. Zdjąć z ognia.

4. Spryskaj małą patelnię sprayem do gotowania i umieść na średnim ogniu.

5. Rozbij 2 całe jajka w małej misce. Dodaj 4 białka i wymieszaj, aby połączyć.

6. Wlej roztrzepane jajka na małą patelnię i pozostaw mieszaninę na minutę.

7. Za pomocą szpatułki delikatnie poruszaj się wokół krawędzi patelni.

Podnieś patelnię i przechyl ją w dół i dookoła w okrągłym stylu, aby płynne jajka dotarły do środka i usmażyły się wokół krawędzi patelni.

8. Dodaj pokruszony kozi ser na bok wierzchu omletu razem z mieszanką grzybów.

9. Następnie za pomocą szpatułki delikatnie zawiń drugą stronę omletu nad stroną z grzybami.

10. Gotowanie przez trzydzieści sekund. Następnie przełóż omlet na talerz.

Informacje o wartościach odżywczych: Kalorie: 412, Tłuszcz: 29 g, Węglowodany: 18 g, Białko: 25 g, Cukry: 7 g, Sód: 1000 mg

Sałata Wraps Z Kurczakiem I Warzywami

Porcje: 2

Czas gotowania: 15 minut

Składniki:

½ łyżki niesolonego masła

¼ funta mielonego kurczaka

1/8 szklanki cukinii, posiekanej

¼ zielonej papryki, pozbawionej nasion i posiekanej

1/8 szklanki żółtej dyni, posiekanej

¼ średniej cebuli, posiekanej

½ łyżeczki mielonego czosnku

Świeżo zmielony czarny pieprz do smaku

¼ łyżeczki curry w proszku

½ łyżki sosu sojowego

2 duże liście sałaty

½ szklanki tartego parmezanu

Wskazówki:

1. Weź patelnię, postaw ją na średnim ogniu, dodaj masło i kurczaka, pokrusz i smaż przez około 5 minut, aż kurczak nie będzie już różowy.

2. Następnie dodaj cukinię, paprykę, dynię, cebulę i czosnek na patelnię, mieszaj, aż się zmieszają i gotuj przez 5 minut.

3. Następnie dopraw czarnym pieprzem i curry w proszku, skrop sosem sojowym, dobrze wymieszaj i gotuj dalej przez 5 minut, odstaw, aż będzie potrzebne.

4. Złóż wrapy i w tym celu rozłóż mieszankę kurczaka równomiernie na wierzchu każdego liścia sałaty, a następnie posyp serem i podawaj.

5. Aby przygotować posiłek, umieść mieszankę kurczaka w hermetycznym pojemniku i lodówce na maksymalnie dwa dni.

6. Gotowy do jedzenia podgrzej kurczaka w kuchence mikrofalowej, aż będzie gorący, a następnie dodaj go do liści sałaty i podawaj.

<u>Informacje o wartościach odżywczych:</u>Kalorie 71, tłuszcz ogółem 6,7 g, węglowodany ogółem 4,2 g, białko 4,8 g, cukier 30,5 g, sód 142 mg

Kremowo-cynamonowo-bananowa miska

Porcje: 1

Czas gotowania: 3 minuty

Składniki:

1 duży banan, dojrzały

¼ łyżeczki cynamonu, mielonego

Szczypta celtyckiej soli morskiej

2 łyżki masła kokosowego, stopionego

Dodatki do wyboru: owoce, nasiona lub orzechyWskazówki:

1. Rozgnieć banana w misce. Dodaj cynamon i celtycką sól morską. Odłożyć na bok.

2. Podgrzej masło kokosowe w rondelku ustawionym na małym ogniu.

Połącz ciepłe masło z masą bananową.

3. Aby podać, udekoruj ulubionymi owocami, nasionami lub orzechami.

Informacje o wartościach odżywczych:Kalorie 564 Tłuszcz: 18,8 g Białko: 28,2 g Sód: 230 mg Węglowodany ogółem: 58,2 g Błonnik pokarmowy: 15,9 g

Dobre ziarna z żurawiną i cynamonem Porcje: 2

Czas gotowania: 35 minut

Składniki:

1 szklanka ziaren (do wyboru amarantus, kasza gryczana lub komosa ryżowa) 2½ szklanki wody kokosowej lub mleka migdałowego

1 laska cynamonu

2-szt całe goździki

1 strąk anyżu gwiazdkowatego (opcjonalnie)

Świeże owoce: jabłka, jeżyny, żurawiny, gruszki lub persymony

Syrop klonowy (opcjonalnie)

Wskazówki:

1. Zagotuj w rondelku ziarna, wodę kokosową i przyprawy. Przykryj, a następnie zmniejsz ciepło do średnio-niskiego. Dusić w ciągu 25 minut.

2. Przed podaniem odrzuć przyprawy i udekoruj plasterkami owoców. W razie potrzeby skrop syropem klonowym.

Informacje o wartościach odżywczych:Kalorie 628 Tłuszcz: 20,9 g Białko: 31,4 g Sód: 96 mg Węglowodany ogółem: 112,3 g Błonnik pokarmowy: 33,8 g

Omlet śniadaniowy Porcje: 2

Czas gotowania: 10 minut

Składniki:

2 jajka, ubite

1 łodyga zielonej cebuli, posiekana

½ szklanki pieczarek pokrojonych w plasterki

1 czerwona papryka, pokrojona w kostkę

1 łyżeczka przyprawy ziołowej

Wskazówki:

1. Ubij jajka w misce. Wmieszaj pozostałe składniki.

2. Wlej mieszaninę jajek do małej formy do pieczenia. Dodaj patelnię do kosza frytownicy.

3. Gotuj w koszu frytownicy w temperaturze 350 stopni F przez 10 minut.

Informacje o wartościach odżywczych: Kalorie 210 Węglowodany: 5 g Tłuszcz: 14 g Białko: 15 g

Pełnoziarnisty Chleb Kanapkowy Porcje: 12

Czas gotowania: 3 godziny, 20 minut

Składniki:

Biała mąka pełnoziarnista – 3,5 szklanki

Oliwa z oliwek extra virgin – 0,25 szklanki

Pasta daktylowa – 0,25 szklanki

Mleko do wyboru, ciepłe – 1,125 szklanki

Sól morska – 1,25 łyżeczki

Drożdże suszone aktywne – 2,5 łyżeczki

Wskazówki:

1. Przygotuj formę do pieczenia chleba o wymiarach dziewięć na pięć cali, wykładając ją pergaminem kuchennym, a następnie lekko natłuszczając.

2. W dużym kuchennym naczyniu do mieszania wymieszaj wszystkie składniki za pomocą szpatułki. Po połączeniu pozostaw zawartość na trzydzieści minut.

3. Zacznij wyrabiać ciasto, aż będzie miękkie, rozciągliwe i giętkie —

około siedmiu minut. Możesz to zrobić ręcznie, ale użycie miksera stojącego i haka do ciasta jest najłatwiejszą metodą.

4. Z zagniecionym ciastem w poprzednio używanym naczyniu do mieszania, przykryj naczynie plastikiem kuchennym lub czystym wilgotnym ręcznikiem kuchennym w ciepłym miejscu do wyrośnięcia, aż podwoi swoją objętość, na około godzinę lub dwie.

5. Delikatnie uderz ciasto i uformuj z niego ładną kłodę przed włożeniem do przygotowanej formy do pieczenia chleba. Przykryj patelnię wcześniej użytym plastikiem lub ręcznikiem i pozostaw do wyrośnięcia w ciepłym miejscu, aż podwoi swoją objętość, kolejną godzinę lub dwie.

6. Kiedy chleb prawie się wyrośnie, rozgrzej piekarnik do 350 stopni Fahrenheita.

7. Zdejmij przykrycie z wyrośniętego bochenka chleba i umieść bochenek na środku gorącego piekarnika. Ostrożnie połóż folię aluminiową na bochenku, uważając, aby nie spuścić z niego powietrza, aby zapobiec zbyt szybkiemu brązowieniu. Pozwól chlebowi piec się w ten sposób przez trzydzieści pięć do czterdziestu minut, a następnie zdejmij folię i kontynuuj pieczenie chleba przez dwadzieścia minut. Chleb jest gotowy, gdy ma wspaniały złoty kolor i pukanie w niego wydaje głuchy dźwięk.

8. Pozostaw pełnoziarnisty chleb kanapkowy do ostygnięcia w foremce przez pięć minut, a następnie wyjmij go z metalu i przenieś na metalową podstawkę, aby dokończyć studzenie. Pozwól chlebowi całkowicie ostygnąć przed krojeniem.

Rozdrobnione Gyros z Kurczaka

Składniki:

2 średnie cebule, pokrojone

6 ząbków czosnku, posiekanych

1 łyżeczka aromatu cytrynowo-pieprzowego

1 łyżeczka suszonego oregano

1/2 łyżeczki mielonego ziela angielskiego

1/2 szklanki wody

1/2 szklanki soku z cytryny

1/4 szklanki octu z czerwonego wina

2 łyżki oliwy z oliwek

2 funty piersi z kurczaka bez kości i skóry

8 całych chlebków pita

Dowolne dodatki: sos tzatziki, porwany romaine i pokrojony pomidor, ogórek i cebula

Wskazówki:

1. W 3-qt. powolna kuchenka, skonsoliduj początkowe 9 mocowań; zawiera kurczaka. Gotuj pod przykryciem na wolnym ogniu przez 3-4 godziny lub do momentu, aż kurczak będzie delikatny (termometr powinien wskazywać co najmniej 165°).

2. Wyjmij kurczaka z średniej kuchenki. Rozdrobnić 2 widelcami; wróć do powolnej kuchenki. Używając szczypiec, umieść mieszankę kurczaka na chlebie pita. Prezent z dodatkami.

Zupa ze słodkich ziemniaków Porcje: 6

Czas gotowania: 15 minut

Składniki:

2 łyżki oliwy z oliwek

1 średnia cebula, posiekana

1 puszka zielonych chilli

1 łyżeczka mielonego kminku

1 łyżeczka mielonego imbiru

1 łyżeczka soli morskiej

4 szklanki słodkich ziemniaków, obranych i posiekanych 4 szklanki ekologicznego bulionu warzywnego o niskiej zawartości sodu 2 łyżki świeżej kolendry, posiekanej

6 łyżek jogurtu greckiego

Wskazówki:

1. Rozgrzej oliwę z oliwek na średnim ogniu w dużym garnku do zupy. Dodać do cebuli, dusić do miękkości. Dodaj zielone chili i przyprawy i gotuj przez 2 minuty.

2. Dodaj słodkie ziemniaki i bulion warzywny i zagotuj.

3. Gotuj w ciągu 15 minut.

4. Dodaj posiekaną kolendrę.

5. Zmiksuj połowę zupy na gładką masę. Włóż z powrotem do garnka z pozostałą zupą.

6. W razie potrzeby dopraw dodatkową solą morską i posyp odrobiną jogurtu greckiego.

<u>Informacje o wartościach odżywczych:</u>Węglowodany ogółem 33 g Błonnik pokarmowy: 5 g Białko: 6 g Tłuszcz ogółem: 5 g Kalorie: 192

Składniki na miseczki z quinoa burrito:

1 formuła Cilantro Lime Quinoa

Na ciemną fasolę:

1 puszka ciemnej fasoli

1 łyżeczka mielonego kminku

1 łyżeczka suszonego oregano

sól dla smaku

Na pomidorki koktajlowe pico de gallo:

1 suche 16 uncji pomidorów koktajlowych lub winogronowych, pokrojone w ćwiartki 1/2 szklanki pokrojonej w kostkę czerwonej cebuli

1 łyżka mielonej papryczki jalapeno (żeberka i nasiona usunięte, kiedy tylko chcesz)

1/2 szklanki posiekanej ostrej kolendry

2 łyżki soku z limonki

sól dla smaku

Do mocowania:

pokrojone suszone jalapeno

1 awokado, pokrojone w kostkę

Wskazówki:

1. Przygotuj Cilantro Lime Quinoa i utrzymuj ciepło.

2. W małym pojemniku na sos połącz ciemną fasolę i jej płyn z kminkiem i oregano na średnim ogniu. Okresowo mieszaj, aż fasola będzie gorąca. Spróbuj i dodaj sól, kiedy tylko chcesz.

3. Zbierz elementy pico de gallo z pomidorów koktajlowych w misce i dobrze wymieszaj.

4. Aby zgromadzić miseczki burrito, podziel Cilantro Lime Quinoa na cztery dania. Dodaj jedną czwartą ciemnej fasoli do każdego. Na wierzchu połóż pomidorki koktajlowe pico de gallo, pokrojone marynowane papryczki jalapenos i awokado.

Doceniać!

5. Uwaga:

6. Całość składników tych potraw można przygotować wcześnie i zgromadzić w trakcie przygotowywania do spożycia. Możesz albo podgrzać komosę ryżową i fasolę, albo docenić je w temperaturze pokojowej. Lubię robić segmenty przez cały tydzień, więc mogę docenić miseczki Quinoa Burrito na lunch w ciągu tygodnia.

Broccolini Z Migdałami Porcje: 6

Czas gotowania: 5 minut

Składniki:

1 świeża czerwona papryczka chili, pozbawiona pestek i drobno posiekana 2 pęczki brokułów, pokrojone

1 łyżka oliwy z oliwek extra vergine

2 ząbki czosnku, cienko pokrojone

1/4 szklanki naturalnych migdałów, grubo posiekanych

2 łyżeczki skórki z cytryny, drobno startej

4 anchois w oleju, posiekane

Odrobina świeżego soku z cytryny

Wskazówki:

1. Rozgrzej trochę oleju na patelni. Dodaj 2 łyżeczki skórki z cytryny, odsączone sardele, drobno posiekane chili i cienko pokrojone rękawiczki.

Gotuj przez około 30 sekund, ciągle mieszając.

2. Dodaj 1/4 szklanki grubo posiekanych migdałów i gotuj przez minutę.

Wyłącz ogrzewanie i dodaj sok z cytryny na wierzchu.

3. Umieść kosz do gotowania na parze nad garnkiem z gotującą się wodą. Dodaj broccolini do koszyka i przykryj.

4. Gotuj do miękkości przez około 3-4 minuty. Odcedź, a następnie przełóż na półmisek do serwowania.

5. Posyp mieszanką migdałów i ciesz się!

Informacje o wartościach odżywczych:414 kalorii 6,6 g tłuszczu 1,6 g węglowodanów ogółem 5,4 g białka

Składniki na danie z quinoa:

1/2 szklanki komosy ryżowej, suchej

2 łyżki oleju z awokado lub kokosowego

2 ząbki czosnku, zgniecione

1/2 szklanki kukurydzy z puszki lub zestalonej

3 duże papryczki ringer, posiekane

1/2 średniej papryczki jalapeño, bez pestek i posiekana 1 łyżka kminku

15-uncjowy pojemnik ciemnej fasoli, przepłukanej i wypłukanej 1 szklanka kolendry, drobno posiekanej i podzielonej 1/2 szklanki zielonej cebuli, drobno posiekanej i podzielonej 2 szklanki cheddaru Tex Mex, zniszczonego i oddzielonego 3/4 szklanki mleka kokosowego z puszki

1/4 łyżeczki soli

Wskazówki:

1. Ugotuj komosę ryżową zgodnie z instrukcją na opakowaniu i odłóż w bezpieczne miejsce. Rozgrzej brojler do 350 stopni F.

2. Rozgrzej dużą glinianą patelnię z nieprzywierającą powłoką na średnim ogniu i zakręć olejem, aby ją przykrył. Dodaj czosnek i gotuj przez 30 sekund, regularnie mieszając. Uwzględnij kukurydzę, papryczki chili, papryczki

jalapeno i kminek. Wymieszaj i smaż bez przeszkód przez 3 minuty, ponownie wymieszaj i smaż przez kolejne 3 minuty.

3. Przenieś do dużej miski do mieszania razem z gotowaną komosą ryżową, ciemną fasolą, 3/4 szklanki kolendry, 1/4 szklanki zielonej cebuli, 1/2 szklanki sera cheddar, mlekiem kokosowym i solą. Dobrze wymieszaj, przełóż do naczynia 8 x 11, posyp pozostałym 1/2 szklanki sera cheddar i podgrzewaj przez 30 minut od ujawnienia.

4. Wyjmij z grilla, posyp pozostałą 1/4 szklanki kolendry i 1/4 szklanki zielonej cebuli. Podawaj na ciepło

Porcje sałatki jajecznej czystego jedzenia: 2

Czas gotowania: 0 minut

Składniki:

6 ekologicznych jaj od chowu pastwiskowego, ugotowanych na twardo

1 awokado

¼ szklanki jogurtu greckiego

2 łyżki majonezu z oliwy z oliwek

1 łyżeczka świeżego koperku

Sól morska do smaku

Sałata do podania

Wskazówki:

1. Zmiksuj jajka na twardo i awokado.

2. Dodaj grecki jogurt, majonez z oliwą z oliwek i świeży koperek.

3. Dopraw solą morską. Podawać na łożu z sałaty.

<u>Informacje o wartościach odżywczych:</u>Węglowodany ogółem 18 g Błonnik pokarmowy: 10 g Białko: 23 g Tłuszcz ogółem: 38 g Kalorie: 486

Chili z białej fasoli Porcje: 4

Czas gotowania: 20 minut

Składniki:

¼ szklanki oliwy z oliwek z pierwszego tłoczenia

2 małe cebule, pokrojone w ¼-calowe kostki

2 łodygi selera, cienko pokrojone

2 małe marchewki, obrane i pokrojone w cienkie plasterki

2 ząbki czosnku, posiekane

2 łyżeczki mielonego kminku

1½ łyżeczki suszonego oregano

1 łyżeczka soli

¼ łyżeczki świeżo zmielonego czarnego pieprzu

3 szklanki bulionu warzywnego

1 (15½ uncji) puszka białej fasoli, odsączonej i wypłukanej ¼ drobno posiekanej świeżej pietruszki o płaskich liściach

2 łyżeczki startej lub posiekanej skórki z cytryny

Wskazówki:

1. Rozgrzej olej na dużym ogniu w holenderskim piekarniku.

2. Dodaj cebulę, seler, marchewkę i czosnek i smaż, aż zmiękną, od 5 do 8 minut.

3. Dodaj kminek, oregano, sól i pieprz i smaż przez około 1 minutę.

4. Włóż bulion i zagotuj.

5. Gotuj na wolnym ogniu, dodaj fasolę i gotuj, częściowo przykryte i od czasu do czasu mieszając, przez 5 minut, aby smaki się rozwinęły.

6. Dodaj pietruszkę i skórkę z cytryny i podawaj.

Informacje o wartościach odżywczych:Kalorie 300 Tłuszcz ogółem: 15 g Węglowodany ogółem: 32 g Cukier: 4 g Błonnik: 12 g Białko: 12 g Sód: 1183 mg

Cytrynowe Porcje Tuńczyka: 4

Czas gotowania: 18 minut

Składniki:

4 steki z tuńczyka

1 łyżka oliwy z oliwek

½ łyżeczki wędzonej papryki

¼ łyżeczki czarnego pieprzu, zmiażdżonego

Sok z 1 cytryny

4 szalotki, posiekane

1 łyżka szczypiorku, posiekanego

Wskazówki:

1. Rozgrzej patelnię z olejem na średnim ogniu, dodaj szalotki i smaż przez 2 minuty.

2. Dodaj steki z tuńczyka i smaż je przez 2 minuty z każdej strony.

3. Dodaj pozostałe składniki, delikatnie wymieszaj, włóż blachę do piekarnika i piecz w temperaturze 360 stopni F przez 12 minut.

4. Rozłóż wszystko na talerze i podawaj na obiad.

Informacje o wartościach odżywczych:kalorie 324, tłuszcz 1, błonnik 2, węglowodany 17, białko 22

Tilapia Ze Szparagami I Dynią Żołędziową

Porcje: 4

Czas gotowania: 30 minut

Składniki:

2 łyżki oliwy z oliwek extra vergine

1 średni kabaczek żołędziowy, wypestkowany i cienko pokrojony lub w klinach 1-funtowy szparag, odcięty od zdrewniałych końcówek i pokrojony na 2-calowe kawałki

1 duża szalotka, cienko pokrojona

1-funtowe filety z tilapii

½ szklanki białego wina

1 łyżka posiekanej świeżej pietruszki 1 łyżeczka soli

¼ łyżeczki świeżo zmielonego czarnego pieprzu

Wskazówki:

1. Rozgrzej piekarnik do 400°F. Nasmaruj blachę do pieczenia olejem.

2. Ułóż dynię, szparagi i szalotkę w jednej warstwie na blasze do pieczenia. Piec w ciągu 8 do 10 minut.

3. Połóż tilapię i dodaj wino.

4. Posyp natką pietruszki, solą i pieprzem.

5. Piecz w ciągu 15 minut. Wyjąć, odstawić na 5 minut i podawać.

Informacje o wartościach odżywczych:Kalorie 246 Tłuszcz ogółem: 8 g

Węglowodany ogółem: 17 g Cukier: 2 g Błonnik: 4 g Białko: 25 g Sód: 639 mg

Upiec Kurczaka Doładowanie Z Oliwkami, Pomidorami I Bazylią

Porcje: 4

Czas gotowania: 45 minut

Składniki:

8 Udek z kurczaka

Małe włoskie pomidory

1 łyżka Czarny pieprz i sól

1 łyżka oliwy z oliwek

15 listków bazylii (duże)

Małe czarne oliwki

1-2 świeże płatki czerwonego chili

Wskazówki:

1. Zamarynuj kawałki kurczaka we wszystkich przyprawach i oliwie z oliwek i odstaw na jakiś czas.

2. Złóż kawałki kurczaka na patelni z brzegiem, dodając pomidory, liście bazylii, oliwki i płatki chili.

3. Piecz tego kurczaka w już nagrzanym piekarniku (w 220C) przez 40 minuty.

4. Piec, aż kurczak będzie miękki, a pomidory, bazylia i oliwki będą ugotowane.

5. Udekoruj świeżą pietruszką i skórką z cytryny.

Informacje o wartościach odżywczych:Kalorie 304 Węglowodany: 18 g Tłuszcz: 7 g Białko: 41 g

Ratatuj Porcje: 8

Czas gotowania: 25 minut

Składniki:

1 Cukinia, średnia i pokrojona w kostkę

3 łyżki. Oliwa z oliwek z pierwszego tłoczenia

2 papryka pokrojona w kostkę

1 żółta dynia, średnia i pokrojona w kostkę

1 Cebula, duża i pokrojona w kostkę

28 uncji Całe pomidory, obrane

1 bakłażan, średni i pokrojony w kostkę ze skórką na soli i pieprzu, w razie potrzeby

4 gałązki tymianku, świeże

5 ząbków czosnku, posiekanych

Wskazówki:

1. Na początek rozgrzej dużą patelnię sauté na średnim ogniu.

2. Po podgrzaniu wlej do niego olej, cebulę i czosnek.

3. Podsmaż cebulę przez 3 do 5 minut, aż zmięknie.

4. Następnie dodaj na patelnię bakłażana, pieprz, tymianek i sól. Dobrze wymieszaj.

5. Teraz gotuj przez kolejne 5 minut lub do momentu, aż bakłażan zmięknie.

6. Następnie dodaj cukinię, paprykę i dynię na patelnię i kontynuuj gotowanie przez kolejne 5 minut. Następnie dodaj pomidory i dobrze wymieszaj.

7. Po dodaniu wszystkiego dobrze wymieszaj, aż wszystko się połączy. Pozwól mu się gotować przez 15 minut.

8. Na koniec sprawdź przyprawy i w razie potrzeby dodaj więcej soli i pieprzu.

9. Udekoruj natką pietruszki i mielonym czarnym pieprzem.

Informacje o wartościach odżywczych:Kalorie: 103KcalBiałka: 2gWęglowodany: 12gTłuszcz: 5g

Zupa z klopsikami z kurczaka Porcje: 4

Czas gotowania: 30 minut

Składniki:

2 funty piersi z kurczaka, bez skóry, bez kości i mielone 2 łyżki kolendry, posiekanej

2 jajka, roztrzepane

1 ząbek czosnku, posiekany

¼ szklanki zielonej cebuli, posiekanej

1 żółta cebula, posiekana

1 marchewka, pokrojona w plasterki

1 łyżka oliwy z oliwek

5 szklanek bulionu z kurczaka

1 łyżka natki pietruszki, posiekanej

Szczypta soli i czarnego pieprzu

Wskazówki:

1. W misce połączyć mięso z jajkami i pozostałymi składnikami oprócz oleju, żółtej cebuli, bulionu i pietruszki, wymieszać i uformować z tej mieszanki średnie klopsiki.

2. Rozgrzej garnek z olejem na średnim ogniu, dodaj żółtą cebulę i klopsiki i smaż przez 5 minut.

3. Dodać pozostałe składniki, wymieszać, doprowadzić do wrzenia i gotować na średnim ogniu jeszcze przez 25 minut.

4. Nalej zupę do miseczek i podawaj.

<u>Informacje o wartościach odżywczych:</u>kalorie 200, tłuszcz 2, błonnik 2, węglowodany 14, białko 12

Kapuściana Pomarańczowa Sałatka Z Cytrusowym Vinaigrette

Porcje: 8

Czas gotowania: 0 minut

Składniki:

1 łyżeczka skórki pomarańczowej, startej

2 łyżki bulionu warzywnego o obniżonej zawartości sodu 1 łyżeczka octu jabłkowego

4 szklanki czerwonej kapusty, poszatkowanej

1 łyżeczka soku z cytryny

1 bulwa kopru włoskiego, pokrojona w cienkie plasterki

1 łyżeczka octu balsamicznego

1 łyżeczka octu malinowego

2 łyżki świeżego soku pomarańczowego

2 pomarańcze, obrane, pokrojone na kawałki

1 łyżka miodu

1/4 łyżeczki soli

Świeżo zmielony pieprz

4 łyżeczki oliwy z oliwek

Wskazówki:

1. Do miski wlej sok z cytryny, skórkę pomarańczową, ocet jabłkowy, sól i pieprz, bulion, olej, miód, sok pomarańczowy, ocet balsamiczny i maliny i wymieszaj.

2. Wyciągnij pomarańcze, koper włoski i kapustę. Wrzucić do płaszcza.

Informacje o wartościach odżywczych:Kalorie 70 Węglowodany: 14 g Tłuszcz: 0 g Białko: 1 g

Tempeh i zapiekanka z warzyw korzeniowych

Porcje: 4

Czas gotowania: 30 minut

Składniki:

1 łyżka oliwy z oliwek extra vergine

1 duży słodki ziemniak, pokrojony w kostkę

2 marchewki, cienko pokrojone

1 bulwa kopru włoskiego, przycięta i pokrojona w ¼-calową kostkę 2 łyżeczki mielonego świeżego imbiru

1 ząbek czosnku, posiekany

12 uncji tempeh, pokrojone w ½-calowe kostki

½ szklanki bulionu warzywnego

1 łyżka bezglutenowego sosu tamari lub sosu sojowego 2 szalotki, cienko pokrojone

Wskazówki:

1. Rozgrzej piekarnik do 400°F. Nasmaruj blachę do pieczenia olejem.

2. Ułóż słodkie ziemniaki, marchew, koper włoski, imbir i czosnek w jednej warstwie na blasze do pieczenia.

3. Piec, aż warzywa zmiękną, około 15 minut.

4. Dodaj tempeh, bulion i tamari.

5. Piecz ponownie, aż tempeh się podgrzeje i lekko zrumieni przez 10 do 15 minut.

6. Dodaj szalotki, dobrze wymieszaj i podawaj.

Informacje o wartościach odżywczych:Kalorie 276 Tłuszcz ogółem: 13 g Węglowodany ogółem: 26 g Cukier: 5 g Błonnik: 4 g Białko: 19 g Sód: 397 mg

Porcje zielonej zupy: 2

Czas gotowania: 5 minut

Składniki:

1 szklanka wody

1 szklanka szpinaku, świeżego i zapakowanego

½ 1 cytryny, obranej

1 Cukinia, mała i posiekana

2 łyżki stołowe. Pietruszka, świeża i posiekana

1 łodyga selera, posiekana

Sól morska i czarny pieprz według uznania

½ z 1 awokado, dojrzałe

¼ szklanki bazylii

2 łyżki stołowe. Nasiona Chia

1 ząbek czosnku, posiekany

Wskazówki:

1. Aby przygotować tę łatwą do zmiksowania zupę, umieść wszystkie składniki w szybkoobrotowym blenderze i miksuj przez 3 minuty lub do uzyskania gładkiej konsystencji.

2. Następnie możesz podać na zimno lub podgrzewać na małym ogniu przez kilka minut.

Informacje o wartościach odżywczych:Kalorie: 250KcalBiałka: 6,9gWęglowodany: 18,4gTłuszcz: 18,1g

Składniki na pizzę Pepperoni:

1 porcja (1 funt) zestalonej mieszanki chlebowej, rozmrożonej 2 ogromne jajka, odizolowane

1 łyżka mielonego parmezanu cheddar

1 łyżka oliwy z oliwek

1 łyżeczka posiekanej ostrej pietruszki

1 łyżeczka suszonego oregano

1/2 łyżeczki czosnku w proszku

1/4 łyżeczki pieprzu

8 uncji pokrojonej pepperoni

2 szklanki zniszczonej częściowo odtłuszczonej mozzarelli cheddar 1 puszka (4 uncje) łodyg i kawałków pieczarek, zubożonych 1/4 do 1/2 szklanki peklowanych krążków pieprzu

1 średnia zielona papryka, pokrojona w kostkę

1 puszka (2-1/4 uncji) pokrojonych gotowych oliwek

1 puszka (15 uncji) sosu do pizzy

Wskazówki:

1. Rozgrzej piec do 350°. Na nasmarowanym arkuszu przygotowawczym wyłóż ciasto na 15 x 10 cali. kwadratowy kształt. W małej misce zmiksuj żółtka, parmezan cheddar, olej, pietruszkę, oregano, czosnek w proszku i pieprz. Posmaruj mieszanką.

2. Posyp pepperoni, mozzarellą cheddar, pieczarkami, krążkami pieprzu, zielonym pieprzem i oliwkami. Poruszaj się w górę, styl ruchu dżemu, zaczynając od dłuższego boku; ściśnij zagięcie, aby uszczelnić i złożyć wykończenia pod spodem.

3. Ułóż część zagięciem do dołu; posmarować białkiem.

Staraj się nie pozwolić powstać. Przygotuj się, aż genialny ciemny kolor i mieszanina się ugotują, 35-40 minut. Podgrzej sos do pizzy; prezent z pokrojoną porcją.

4. Zamroź wybór: Zamroź schłodzoną porcję pizzy bez krojenia w bezkompromisowej folii. Aby wykorzystać, wyjmij z lodówki 30 minut przed ogrzaniem. Wyjmij z krzyża i ciepłą porcję na nasmarowanej blasze do przygotowywania w nagrzanym do 325 ° brojlerach, aż się rozgrzeje. Wypełnij zgodnie z ustaleniami.

Gazpacho z buraków Porcje: 4

Czas gotowania: 10 minut

Składniki:

1× 20oz. Puszka fasoli Great Northern, wypłukanej i odsączonej ¼ łyżeczki. Sól koszerna

1 łyżka. Oliwa z oliwek z pierwszego tłoczenia

½ łyżeczki Czosnek, świeży i mielony

1× 6oz. saszetka Różowy Łosoś w płatkach

2 łyżki stołowe. Sok z cytryny, świeżo wyciśnięty

4 zielone cebule, pokrojone w cienkie plasterki

½ łyżeczki Zmielony czarny pieprz

½ łyżeczki Skórka z cytryny starta

¼ szklanki natki pietruszki, świeżej i posiekanej

Wskazówki:

1. Najpierw umieść skórkę z cytryny, oliwę z oliwek, sok z cytryny, czarny pieprz i czosnek w średniej wielkości misce i wymieszaj je trzepaczką.

2. Połącz fasolę, cebulę, łososia i pietruszkę w innej średniej wielkości misce i dobrze je wymieszaj.

3. Następnie dodaj sos soku z cytryny do mieszanki fasoli.

Dobrze wymieszaj, aż sos pokryje mieszankę fasoli.

4. Podawaj i ciesz się.

<u>Informacje o wartościach odżywczych:</u>Kalorie 131 kcal Białka: 1,9 g
Węglowodany: 14,8 g Tłuszcz: 8,5 g

Rigatoni z pieczonej dyni piżmowej Składniki:

1 ogromna dynia piżmowa

3 ząbki czosnku

2 łyżki stołowe. Oliwa z oliwek

1 funt rigatoni

1/2 c. treściwy krem

3 w. zniszczona fontina

2 łyżki stołowe. pokrojona chrupiąca szałwia

1 łyżka. sól

1 łyżeczka. pieprz naturalnie mielony

1 w. bułka tarta panko

Wskazówki:

1. Rozgrzej brojler do 425 stopni F. W międzyczasie, w dużej misce, wrzuć do squasha, czosnek i oliwę z oliwek. Umieść na dużym arkuszu z obrzeżami i naczyniu do miękkości, około 60 minut.

Przenieś pojemnik na stojak z drutu i pozwól ostygnąć nieznacznie, około 10 minuty. Zmniejsz piec do 350 stopni F.

2. W międzyczasie podgrzej duży garnek z osoloną wodą do wrzenia i ugotuj rigatoni zgodnie z przepisem na wiązkę łożysk. Ustaw kanał i umieść w bezpiecznym miejscu.

3. Używając blendera lub procesora odżywczego, zmiksuj dynię na purée z przytłaczającą śmietaną, aż będzie gładka.

4. W dużej misce wrzuć puree z dyni, zatrzymaj rigatoni, 2 szklanki fontiny, savvy, sól i pieprz. Posmaruj podstawę i boki naczynia do przygotowywania o wymiarach 9 na 13 cali oliwą z oliwek. Przełóż mieszankę rigatoni-squash do naczynia.

5. W małej misce skonsoliduj pozostałą fontinę i panko. Posyp makaron i podgrzej, aż stanie się ciemniejszy, od 20 do 25 minut.

Zupa Capellini Z Tofu I Krewetkami Porcje: 8

Czas gotowania: 20 min

Składniki:

4 szklanki bok choy, pokrojone w plasterki

Krewetki 1/4 funta, obrane, pozbawione żyłek

1 blok twardego tofu, pokrojonego w kwadraty

1 puszka pokrojonych kasztanów wodnych, odsączonych

1 pęczek dymki pokrojonej w plasterki

2 szklanki bulionu z kurczaka o obniżonej zawartości sodu

2 łyżeczki sosu sojowego o obniżonej zawartości sodu

2 szklanki capellini

2 łyżeczki oleju sezamowego

Świeżo mielony biały pieprz

1 łyżeczka octu z wina ryżowego

Wskazówki:

1. Wlej bulion do rondla na średnim ogniu. Doprowadzić do wrzenia. Dodaj krewetki, bok choy, olej i sos. Pozwól się zagotować i zmniejsz ciepło do niskiego poziomu. Gotować przez 5 minut.

2. Dodaj kasztany wodne, pieprz, ocet, tofu, capellini i cebulę. Gotuj przez 5 minut lub do momentu, aż capellini będzie ledwo miękki.

Podawać na gorąco.

<u>Informacje o wartościach odżywczych:</u>Kalorie 205 Węglowodany: 20 g Tłuszcz: 9 g Białko: 9 g

Schab Z Pieczarkami I Ogórkami Porcje: 4

Czas gotowania: 25 minut

Składniki:

2 łyżki oliwy z oliwek

½ łyżeczki oregano, suszonego

4 kotlety schabowe

2 ząbki czosnku, posiekane

Sok z 1 limonki

¼ szklanki kolendry, posiekanej

Szczypta soli morskiej i czarnego pieprzu

1 szklanka białych pieczarek, przekrojonych na pół

2 łyżki octu balsamicznego

Wskazówki:

1. Rozgrzej patelnię z olejem na średnim ogniu, dodaj kotlety schabowe i smaż przez 2 minuty z każdej strony.

2. Dodaj pozostałe składniki, wymieszaj, gotuj na średnim ogniu przez 20 minut, rozłóż na talerzach i podawaj.

Informacje o wartościach odżywczych: kalorie 220, tłuszcz 6, błonnik 8, węglowodany 14,2, białko 20

Pałeczki z kurczaka Porcje: 4

Składniki:

¼ c. pokrojona w kostkę cebula

1 opakowanie ugotowanego makaronu chow Mein

Świeżo mielony pieprz

2 puszki kremowej zupy grzybowej

1 ¼ w. pokrojony seler

1 w. orzechy nerkowca

2 w. gotowany kurczak pokrojony w kostkę

½ w. woda

Wskazówki:

1. Rozgrzej piekarnik do 375°F.

2. W garnku odpowiednim do piekarnika wlej obie puszki kremu z grzybów i wodę. Mieszać do połączenia.

3. Do zupy dodać ugotowanego kurczaka pokrojonego w kostkę, cebulę, seler naciowy, paprykę, orzechy nerkowca. Mieszaj, aż się połączą. Dodaj połowę makaronu do mieszanki, mieszaj, aż się pokryje.

4. Na zapiekankę wyłożyć resztę makaronu.

5. Umieść garnek w piekarniku. Piec przez 25 minut.

6. Podawaj natychmiast.

Informacje o wartościach odżywczych:Kalorie: 201, Tłuszcz: 17 g, Węglowodany: 15 g, Białko: 13 g, Cukry: 7 g, Sód: 10 mg

Balsamiczny Pieczony Kurczak Porcje: 4

Składniki:

1 łyżka. posiekany świeży rozmaryn

1 posiekany ząbek czosnku

Czarny pieprz

1 łyżka. Oliwa z oliwek

1 łyżeczka. brązowy cukier

6 gałązek rozmarynu

1 cały kurczak

½ w. ocet balsamiczny

Wskazówki:

1. Połącz czosnek, posiekany rozmaryn, czarny pieprz i oliwę z oliwek.

Natrzyj kurczaka ziołową mieszanką oliwy z oliwek.

2. Do wnętrza kurczaka włożyć 3 gałązki rozmarynu.

3. Umieść kurczaka na brytfannie i piecz w temperaturze 400 F przez około 1 godzinę. 30 minut.

4. Kiedy kurczak się zarumieni, a soki będą klarowne, przełóż do naczynia do serwowania.

5. W rondelku rozpuść na ogniu cukier w occie balsamicznym.

Nie gotować.

6. Pokrój kurczaka i polej mieszanką octu.

<u>Informacje o wartościach odżywczych:</u>Kalorie: 587, Tłuszcz: 37,8 g, Węglowodany: 2,5 g, Białko: 54,1

g, Cukry: 0 g, Sód: 600 mg

Stek i Pieczarki Porcje: 4

Czas gotowania: 15 minut

Składniki:

2 łyżki oliwy z oliwek

8 uncji pieczarki, pokrojone

½ łyżeczki czosnku w proszku

1 funtowy stek, pokrojony w kostkę

1 łyżeczka (5 ml) sosu Worcestershire

pieprz do smaku

Wskazówki:

1. Rozgrzej frytkownicę do 400 stopni F.

2. Połącz wszystkie składniki w misce.

3. Przenieś do kosza frytownicy.

4. Gotuj przez 15 minut, dwukrotnie potrząsając koszykiem.

Wskazówki dotyczące wołowiny Porcje: 4

Czas gotowania: 12 minut

Składniki:

2 łyżeczki cebuli w proszku

1 łyżeczka czosnku w proszku

2 łyżeczki rozmarynu, posiekanego

1 łyżeczka papryki

2 łyżki niskosodowego aminokwasu kokosowego

pieprz do smaku

1 funtowy stek, pokrojony w paski

Wskazówki:

1. Wymieszaj wszystkie przyprawy i przyprawy w misce.

2. Wmieszaj paski steku.

3. Marynuj przez 10 minut.

4. Dodaj do kosza frytownicy.

5. Gotuj w temperaturze 380 stopni F przez 12 minut, potrząsając raz lub dwa razy w połowie gotowania.

www.ingramcontent.com/pod-product-compliance
Lightning Source LLC
Chambersburg PA
CBHW070403120526
44590CB00014B/1243